在路上

恒者行远　思者常新

◎ 主编 陶泽政 游达彪

以客户为中心，走可持续健康发展之路
深度解读拓邦业务发展的变革与实践、坚守与突破

广东经济出版社

图书在版编目（CIP）数据

在路上：恒者行远 思者常新/陶泽政，游达彪主编. —广州：广东经济出版社，2023.7

ISBN 978-7-5454-8654-4

Ⅰ.①在… Ⅱ.①陶… ②游… Ⅲ.①电子工业—工业企业管理—经验—深圳 Ⅳ.①F426.63

中国版本图书馆CIP数据核字（2022）第252120号

责任编辑：郑秋瑛
责任技编：陆俊帆

在路上：恒者行远 思者常新
ZAI LUSHANG：HENGZHE XINGYUAN SIZHE CHANGXIN

出版发行：广东经济出版社（广州市环市东路水荫路11号11～12楼）
印 刷：佛山家联印刷有限公司
（佛山市南海区科能路10号四栋三楼）
开 本：787mm×1092mm 1/16　　印 张：14.5
版 次：2023年7月第1版　　印 次：2023年7月第1次
书 号：ISBN 978-7-5454-8654-4　　字 数：200千字
定 价：69.00元

发行电话：（020）87393830　　编辑邮箱：gdjjcbstg@163.com
广东经济出版社常年法律顾问：胡志海律师　　法务电话：（020）37603025
如发现印装质量问题，请与本社联系，本社负责调换

真实记录我们走过的路程，

明确我们的理念和发展思路，

这有助于公司上下形成共识，

减少内部沟通成本，一起努

力实现我们的战略！

武永强

2022年6月18日

关 于 本 书

拓邦作为全球领先的智能控制方案提供商，是行业里的“隐形冠军”。自1996年成立以来，拓邦不断创造出行业里的多个第一。如今，拓邦已与全球家电、电动工具百强中2/3以上的企业实现亲密合作，并且在低碳、智能、5G、万物互联的浪潮中，持续布局新兴、前沿技术，与众多行业上下游的伙伴一起共建可持续发展生态，拥抱变革和机遇。

《在路上——恒者行远 思者常新》一书记录了拓邦从深圳南山一家小公司发展成为一家百亿元级跨国集团的成长历程，解读了公司在长期发展过程中的成长密码。业务是支撑企业经营发展的最终落脚点，全书以“以客户为中心”为基本思想，从品牌理念、规模增长、创新驱动、客户亲密、精敏运营、组织进化、可持续发展等方面，对拓邦业务管理的内在运营逻辑进行了系统梳理、总结和提炼，并形成一套方法论。同时，书中还通过大量真实案例，展现拓邦人不断进取、成就客户的精神品格，非常便于读者学习和借鉴。

我们衷心希望本书能够给那些致力于提升企业经营效益、谋求可持续发展的企业经营者和管理者带来切实的帮助，同时让拓邦的全体员工对公司的战略规划、经营管理、文化内核、发展远景有更深刻的理解，促使全体拓邦人秉持“以客户为中心”的理念，以企业家精神为指引，为社会创造价值，为建设智能、低碳社会贡献力量，共创智美未来。

推 荐 语

我们与拓邦结缘已久。经过这么多年的合作，我们发现拓邦的团队呈现出来的是一个成熟的供应商应该有的态度与能力。在无数次的灯火通明中，他们攻克了一个又一个的技术难关，他们超前的生产规划成为我们这些客户扩展的坚实后盾。当我们决定要到越南另辟战场以服务终端需求的时候，拓邦依旧是毫不迟疑，第一时间整个团队漂洋过海到异地建厂支援我们；当业界因缺料导致大范围停产而无法出货的时候，拓邦更是以完整的物料管理和规划方法帮我们渡过难关，将缺料风潮对我们的冲击降到最低。在过往一年年的降本压力中，拓邦凭借自己的供应商协作与管理能力，最大限度地替客户带来价值。

这些点点滴滴回想起来，正印证了拓邦“以客户为中心”“发展是硬道理”和“坚持可持续健康发展”的发展主旋律。我与拓邦由上至下的员工都非常熟悉，可以负责任地说，这些年来我接触过的拓邦人，不论处在哪个职位或负责哪个功能，他们身体里都流着一样的“拓邦血液”，带着一样的“拓邦基因”，在不断的挑战中向前迈进。

我衷心地希望能够与拓邦继续互相配合，持续扩展，共创未来！

TTi 集团 VP　郑元辅

感谢拓邦对火星人发展过程中的支持，同时我们也感受到了拓邦在控制器领域中的专业、专注。感谢拓邦与我们一路同行，合作共赢！

火星人厨具股份有限公司董事长　黄卫斌

低调、务实是拓邦在我心中的形象。企业分很多种，常常受人关注的是那些光鲜亮丽的明星企业，他们就像一座座闪亮的摩天大楼，让人仰望。

但是有一种企业，他们是明星脚下默默奉献的基石，知道他们的人不多，但是摩天大楼没有基石就无法立足，基石不但托起了明星企业，也托起了整个行业，拓邦就是这样的基石企业，实实在在，低调务实，永远以客户为中心，坚持可持续发展。明星大部分是匆匆过客，基石却可以永存。

广东芬尼科技股份有限公司创始人兼董事长　宗毅

在中国改革开放的前沿阵地——深圳，有一家曾经名不见经传的小企业，经过不懈的努力，坚守自己的经营理念和底线，成功地抓住发展机遇，如今发展成为一家百亿元级跨国集团，成为智能控制行业的翘楚，并在激烈竞争的国际市场中赢得越来越多世界著名企业的青睐。他们是如何做到的呢?

《在路上——恒者行远 思者常新》一书为我们提供了一个既有代表性又充满个性化的答案。该书记录了拓邦20多年来在主要发展阶段和关键转折点所做出的重要决定和采取的行动，以及如何通过内部的不断实践和总结，并借助外部专业资源的协助，以大量的实际案例作为依据，精炼出一套行之有效的经营方法论的全过程；同时说明了拓邦在日常的工作实践中如何不断地修正、完善这套方法论，确保公司健康、平衡、持续发展，为公司在纷繁复杂的国际化进程中行稳致远保驾护航。

对于正在谋求持续发展和寻找突破机遇的企业经营者和管理者来说，这是一本非常有参考价值的干货满满的书，它既提供经营理念和价值品牌建设思路给我们做参考，又收集了许多实例供我们借鉴，包括全球化的部署和推进策略等，以满足不同读者的需求。

拓邦的全球化和数字化已经走在路上，并不断地加速前进和超越对手，我坚信其团队定能达成既定的战略目标，让世界更智能、更低碳!

美国 Lennox 中国区总经理　雷湘艺

当我从汽车电子行业转到家电行业时，才了解到拓邦在业内是受人尊敬的智能控制器的龙头老大。TOPBAND，拓邦以全球第一的目标为公司起名，为了成为所在领域的全球 No.1，拓邦一直在不断前进，一直在路上。

在此书中，拓邦毫无保留地把成功的经验分享给业内同行，让每一个有意愿向上走的同行和拓邦一起齐头并进，在我看来，这就是宽广的大海胸怀。与此同时，拓邦在其所在领域持续提高核心竞争力，做业内创新的，做业内其他人不愿意做的，做成业内质量和效率的标杆。拓邦一直围绕着能源、安全、健康产品开展业务，努力为人类创造真正的财富。

重新通读此书，不停地印证着我之前对拓邦的三个核心认知：

（1）拓邦“以客户为中心”的组织创新改革以及其在南京设立研发中心靠近客户，这些都在极短的时间内完成，可见其践行“以客户为中心”理念的行动力。

（2）拓邦是一个学习型组织，其视拥有知识与经验的员工为公司最大的资产，积极向国际一流公司学习先进的研发理念和管理体系。

（3）认定的事情永不放弃。我清楚地记得 2019 年 11 月黄总（涛）对博世西门子家电的执着，不达目标不罢休。

我始终坚信，拥有这些特质的公司，对人类一定充满热爱之情，一定能成为世界 TOP 的集团。

深圳尚科宁家科技有限公司电子副总裁、博世汽车电子原研发总监、博西华电器原大中华硬件研发总监　刘新伟

刘新伟

拓邦是我们一直以来最紧密的战略合作伙伴，这次有幸收到其企业业务管理书籍并受邀为其作书评，我深感荣幸。认真拜读完《在路上——恒者行远 思者常新》这本书后，我发现正如副标题所说的那样——恒者行远，思者常新。书中通过拓邦20多年的发展历程，透彻地阐明了善于思考、持之以恒、坚持不懈就能到达成功彼岸的道理。

“恒者行远，思者常新，博观约取，厚积薄发”，这是我看到的拓邦的发展历程，其着重体现在“创新”和“以客户为中心”上面。关于创新，拓邦告诉我们：企业的创新不是一种狂热、激情与想象力的活动，而是一种通过改变产品和服务，也就是改变资源的产出为客户提供新的价值与满意度的生产力，这是企业家精神的重要体现。

而“以客户为中心”这一点，书中有个故事让我感触颇深。故事讲述了拓邦怎样通过软件读取版本号功能帮助客户检测出因外观相似造成的产品组装不良问题的整个过程。正是“以客户为中心”的理念，让拓邦先行一步，使其能深度理解客户需求并在客户发生问题时及时有效地帮助客户解决，挽回损失。这不禁让我想起稻盛和夫先生，拓邦与其一样，都具备“积行善，思利他”精神。

《在路上——恒者行远 思者常新》讲述的是拓邦的发展史，但又不仅仅是企业发展史，一件件看似平凡的事件融入笔墨，向我们展示的是企业的根和灵魂，“博观约取，厚积薄发”，我们期待着拓邦新一轮更强劲的厚积薄发。

PAS 南方总经理　韩枫

序

“我们曾经连续三年想要突破10个亿的销售额，但都没有成功，当时我们都在想，为什么这个瓶颈这么难突破呢？是不是我们突破不了呢？”回忆起过往，很多知道拓邦发展历史的老员工都很感慨地跟我这样说。

作为亲历者，我感同身受。

2015年5月23日，公司中高层40多人在深圳大鹏的巴厘岛海景酒店进行了三天两夜的关于“中小企业如何突破成长瓶颈”的学习和研讨。研讨达成了一些非常重要的共识，比如：

突破成长瓶颈，首先要突破战略瓶颈；

基于战略目标，确定未来要做多少，然后目标倒推，形成倒逼，重塑激情；

要解决动力机制问题，光有理想是不够的，必须解决利益分配问题；

要解决理性的问题，要建设流程化组织和企业化的管理平台；

加强公司思想意识的统一性，重视价值观的建设，思想意识不统一的干部，要换掉。

……

紧接着，6月份我们就开始引进了战略咨询项目，经过几个月的反复调研和研讨后，10月份输出了公司的战略纲领，确定了“智能+”的战略定位和“到2025年实现200亿元营业额”的10年战略目标。

记得我曾跟一位公司高管交流，他说从2015年开始，公司进入了一个非常重要的发展时期，最大的改变在于：曾经我们是有多少粮食煮多少饭，是从过去和现在看未来；但是从2015年起，我们是未来想煮多少饭，现在就要挖多少地。挖什么地？种什么粮食？我们学会了从未来看现在。现在回过头来看，其实公司成长瓶颈的突破，本质就在于思维瓶颈的突破。

紧接着，公司开展IPD、战略澄清、流程型组织变革、组织变革落地等一系列活动，进一步厘清了公司核心价值观和战略方向。六大核心价值观的提炼及其逐渐深入人心，让公司业务发展有了扎实的文化基石；公司战略从一体两翼到三电一网再到四电一网的演进，为公司业务的发展指引了清晰的方向；同时，持续推进构建“以客户为中心”的流程型组织，以及组织变革和组织能力建设，不断地苦练内功，为公司业务发展提供了组织保障和动力。

从那之后，公司每年基本上以30%左右的复合增长率走在发展的路上。去年武总在一期干部培养班上提出“拓邦将来要成长为一家千亿元级企业。”我深信拓邦能做到！因为公司发展背后的业务逻辑和文化逻辑足以支撑我们这个梦想。

当然，梦想背后需要脚踏实地地干，需要我们持续不断地苦练内功。“只有理解公司的文化和战略，公司才会有力量”。只有当每一个拓邦员工以及客户、供应商、合作伙伴都清楚我们在做的事情，以及要达到的目标时，大家才能同心、同欲、同行。

2019年初，我跟同事游工（达彪）商量如何让每一个进入拓邦和跟拓邦接触的人都能更好、更系统地认识拓邦，了解并理解它的过去价值观、梦想，明白拓邦是一家怎样的公司，拓邦里面的人是一群怎样的人，并立下一个小目标：用五年的时间编写三本书，一本讲文化、一本讲战略和业务、一本讲干部和用人。

于是，第一本书《行以致远——文化一致 才是拓邦》于2020年出版了，而第二本书《在路上——恒者行远 思者常新》也终于要跟大家见面了。

当我们把书籍样本送给武总审阅时，武总写下这样一句话：“真实记录我们走过的路程，明确我们的理念和发展思路，这有助于公司上下形成共识，减少内部沟通成本，一起努力实现我们的战略！”是的，这正是我们编写这本书的初衷。

本书共分为三篇——上篇：以客户为中心；中篇：发展是硬道理；下篇：坚持可持续健康发展。从书的内容中可以看出，有些东西我们一直在变，比如，机制调整、组织调整，甚至战略也调整；但有些东西我们始终在坚持，比如，以客户为中心、创新、战略定力、主动感知危机和自我变革的意识，以及拓邦人的韧性等。

国际形势波诡云谲、全球经济衰退，以及“把寒气传递到每一个人”的“伤寒论”让整个产业界进入了收缩的状态。拓邦从来都不敢小觑一路走来遇到的各种各样的危机，但也深知“反者道之动”“危机共存”的生存哲学。此时此刻，需要拓邦的所有员工和所有合作伙伴更紧密地联结在一起，共同面对随时可能出现的各种各样的危机。我们希望这本书能带给你拓邦的经营故事和经营逻辑，让我们一起做好过冬的准备，苦练内功，共克时艰，走出这段寒冷的岁月。

是的，不管前路有多艰难，我们都要始终在路上！我们也一定能始终在路上！

2022 年 8 月 30 日

成为拓邦

——董事长武永强谈拓邦的创业历程

我们这帮人不是医生，也不是政治家，我们具有的能力就是用智能控制技术为社会赋能。

激情、创造，成就奋斗的开端

我在东北读了六年书，研究生就读于哈尔滨工业大学自动控制专业。我研究生毕业的时候，大约是20世纪80年代末，那个时候广东深圳是改革开放的前沿阵地，发展比内地更为活跃。一个非常偶然的机会，我将电脑卖给一家空调机厂。卖完之后，我请客户喝早茶，喝茶时我们就聊起业务。客户是做空调的，他说他的产品除了一个部件不好做外，其他的部件都非常好做。这个不好做的部件，就是里面的控制器。由于控制器定制化程度比较高，每次厂家跟国外订货都非常困难，周期长，而且修改起来速度非常慢。

我一听这正是我的专业，于是我就开始研究这个产品，所以我们是国内第一家开发出空调控制器的企业。

由于我们开发出来的产品价格比国外的低，最主要的是我们供货速度非常快，而国外这种产品的订货周期非常长，所以我们就迅速占领了市场。

冬天并不可怕，危机之中蕴藏着机会

大概是1993年或1994年，正当我们高歌猛进的时候，受海南房地

产经济泡沫的影响，国家要求银行收紧银根，收回贷款。当时刚刚起步的家电企业，大部分是通过银行贷款发展起来的，所以我们一下子就没有钱了，2000 万元的货款也收不回来，而我们又欠供应商很多钱，我们一下子被打入了冰窟。后来，我们又发现了一个市场——微波炉控制器市场。当时客户都不相信在国内可以做出这样的产品，他们大部分还是买日本的产品。我们先推广的是格兰仕的产品，因为格兰仕是最早做微波炉的企业，也是中国最大的微波炉生产企业。我们分析了他们的产品，他们用的是日本三菱的电控板，价格非常高，但是性能跟普通电控板的差不多。我们的产品开发出来后，经过测试，大家发现它并不比日本的产品差，同时价格非常低。我们的一块板子仅卖 140 多元，而日本三菱的一个 OTP 芯片就要卖六七十元，而且供货周期非常长。我们用了韩国的芯片之后价格一下子就降下来了，加上交货周期短，所以很多微波炉厂家都采用了我们的方案。

开拓了微波炉市场之后，我们又开拓了电磁炉市场，因为电磁炉是一个大功率的开关器件，很容易被烧坏，当时国内没有企业能攻克这个技术难关，后来通过我们的研发才把产品性能提高，炸机率下降了很多，已经完全可以商用。于是，我们就把这个产品推荐给我们的很多客户，比如，美的、九阳、苏泊尔等。截至 2019 年，在中国，我们已经有 5000 万台电磁炉销量记录。

共创智美未来

我们在做这个行业的时候这个行业还不存在，我们已经做了 20 多年，现在已经形成一个行业。到目前为止，这个行业已经有 20 多家上市公司，而拓邦是智能控制领域第一家上市的企业。在中国，这个行业由弱到强，现在已经超过了日本，超过了德国，站到了世界最前列。

我们的行业就是智能控制行业，我非常庆幸我没有离开这个行业，坚持下来了。给机器带来生命和智慧，让机器来解放人、代替人从事脑力和体力劳动，让人们有更多的时间和精力去做更有意义的事情，让千家万户过上更加美好的生活，这就是我们的使命。

目　　录

上篇　以客户为中心

中篇　发展是硬道理

下篇　坚持可持续健康发展

上篇·以客户为中心

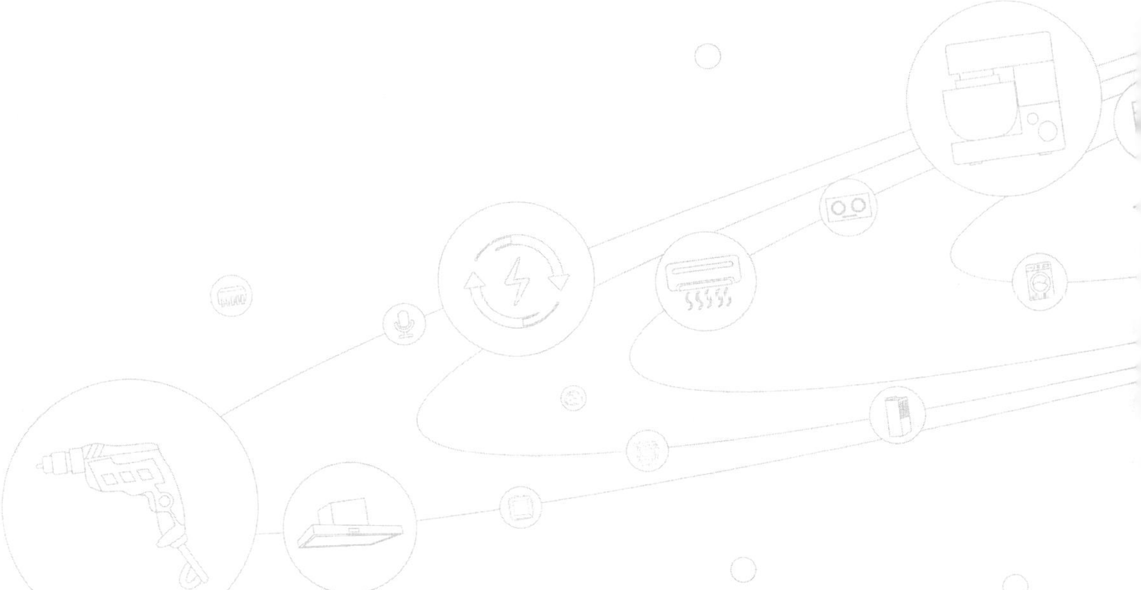

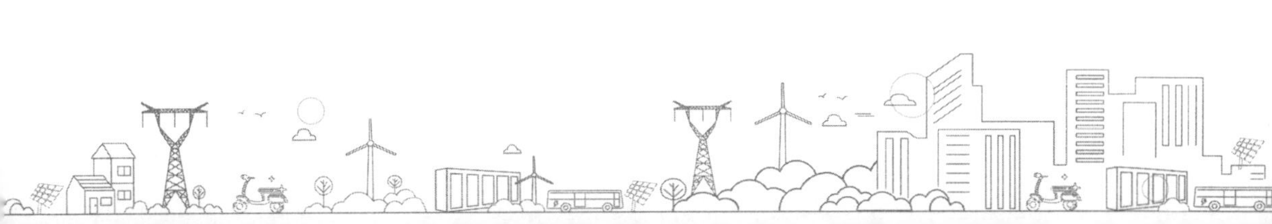

第一章　敏捷·创新·伙伴

作为一家工业品 B2B 企业，拓邦应该让客户感知到什么？能够提供哪些价值？在合作伙伴心中是什么样子？应该如何开展行动？这些就是公司品牌价值定位需要解决的问题。

拓邦对品牌的系统梳理和战略规划始于 2017 年年末，在此之前，我们对品牌没有太多认知，认为只有消费品类、2C 的企业才需要做品牌，而我们是一个工业品的 B2B 企业。后来我们请了工业品营销研究院的老师来上课，学习工业品 B2B 企业如何做品牌。从那时起，我们发现 B2B 企业也有好品牌，而它们也确确实实需要品牌，而且在国外已经有了很成熟的理论和不少成功案例，只不过我们在认知上还没达到那个程度。

于是，我们做了拓邦的品牌诊断，发现我们在品牌价值定位的认知上比较薄弱，大家对拓邦品牌的认识都很模糊。如果我们对自己品牌的认知不统一，每个人的说法都不一样，最终留给客户的印象就会非常零散。

经过品牌诊断、战略客户专访、品牌研讨和梳理后，我们最终提炼出“敏捷·创新·伙伴”这六个字。

敏捷——洞察客户需求，积极快速响应

敏捷里面包含了对客户、对需求、对行业的洞察，洞察才能快，快才能让客户感觉到拓邦能够帮助他。我们给客户提供的不是一个标准品，而是定制化的方案，这样需要跟客户进行大量的沟通，沟通的时候客户就特别在意我们是否真正理解他们的需求，以及是不是能够快速反应。

我们也曾经思考：拓邦对于客户来说到底是一个什么样的公司，是卖产品还是卖技术。最后我们发现，本质上我们给客户提供的是一种服务。而要服务好客户，就要求有很强的洞察力，因为很多客户的需求都是隐藏在水面之下的，而不仅仅是浮在水面上的那一点点东西，所以我们要站在客户的角度去思考问题，甚至可能要比客户还要懂他自己。

企业生存的基础是为客户创造价值，因此，除了“快”之外，另一个关键点就是能够解决问题，不管是开发上的问题，还是交付上的问题，我们都能快速解决，这是这么多年以来，拓邦做得还算可以的地方。我们做了大量的客户调查，客户给我们的评价中比较好的还是服务，而客户所说的服务好，实际上更多的是我们的“敏捷”性好。

敏于察，捷于行，急客户之所急，想客户之所想，做客户之所需。这就是我们对敏捷的要求。

那么，要如何洞察客户的需求呢？这就需要我们带上“洞察力”这副眼镜。所谓洞察力，就是透过表象，看清系统中的要素以及要素之间的关系。洞察就是要一眼看到事物的本质。

首先，要对行业、市场、客户有深刻的认识。这要求我们必须深入市场一线去调研，跟客户一起探讨交流。每个行业只是整个产业链

中的一个环节，通过对整个产业链条进行分析，可以帮助我们更好地了解行业和市场。比如，现在家电行业很缺芯片，背后的原因可能是因为晶圆不足，或者封装不足导致的，也可能是很多芯片产能都去满足新能源车导致的，只有深入了解，才能更好地应对。此外，客户需求就是一种商机，我们必须识别这是一个“真好”机会还是“伪好”机会。有时，客户可能只是释放了一个信息，这种时候就需要我们有较强的敏感性和准确的判断能力。我们要和客户一起探讨，才有可能把信号变成机会点，这也是建立在我们对整个行业、市场以及客户有足够了解的基础上的。

其次，我们要对产品、技术、功能实现路径有深刻的理解。像早期公司开发的空调、微波炉、电磁炉、洗衣机等产品的控制器，都是因为我们比客户更懂控制器，才能给客户提供好的解决方案，帮助客户占领市场，才能创造行业里的多个第一。再比如，公司的壁挂炉和热水器控制器，虽然说软硬件有很多方法是共通的，但实际上产品之间有很大的差异性，用到的技术、功能实现路径也不同，因此我们要跟客户对接好，要对产品和技术非常熟悉。当然，挖掘客户需求也有一些方法，比如，对一些中小型客户，因为他们本身的体系不是非常完善，在这种情况下，如果我们有自己的一些标准规范，就可以让客户按我们的要求把相关产品的功能、部件、参数等信息填好，这样需求会更加清晰；而对一些能力非常强的客户，比如博世、伊莱克斯等，他们本身在需求这块的管理非常规范，文档非常齐全，我们要做的是更多地去理解他们的文档，从而更好地理解他们的需求。

最后，我们要分析客户需求背后的核心诉求是什么。汽车大王亨利·福特曾说过：“如果我最初问消费者他们想要什么，他们会告诉我‘要一匹更快的马！’”有人推测，如果真的只如消费者所愿，或许汽车至今还没诞生。满足客户的需求也同样如此，有时候不应该仅仅局限于当下的或者表面的需求，而应该做更深层次，甚至更超前一些的洞察，引导客户生产经营的调整和升级。在一次公司经营会上，大家曾经讨论拓邦要不要研究C端消费者的需求，有的人认为不需要，理由是我们的C端客户比我们更专业、离消费者更近，更了解消费者的真实需求，我们只需要根据客户的需求来定制产品就可以了。然而讨论到最后，结论是我们一定要去研究消费者的需求。因为，只有清楚消费者的真实需求，我们才能为客户提供更符合市场需求的服务。

洞察客户的需求之后，我们就会快速响应，正所谓“天下武功，唯快不破”。在这方面，我们有很多案例和做法。

微电BG的客户曾经有一个很急的需求，当时客户的研发部门把需求同时传递给拓邦和另外一家企业，但最终选择由拓邦来完成。原因很简单，就是我们速度快！另外一家企业要4天时间才能完成，而我们承诺只要1天半时间就能完成。当时正值“五一”劳动节前夕，我们的研发工程师“五一”假期准备回老家办婚礼，4月30日在高铁上还给客户修改软件，和客户电话沟通，客户知道后非常感动，说拓邦的研发人员很棒。

电控BG有一个高压清洗机的项目，以前是用燃油来提供动力，现在由于油转电发展趋势的原因，客户决定改用电来提供动力。这个项目在行业内属于首创，指标非常严苛，而且时间还特别紧，客户自己研究两年了还没研究出来，而我们仅用半年时间就得到一个阶段性的成果，中间还经历了多次疫情，往返公司和客户之间也颇费周折。时间是怎么来的？整个项目组从2～7月，几乎没有休过假，别人工作8个小时，我们就工作16个小时！就这样和时间赛跑！因为时间是不能变出来的，我们只能争分夺秒。

公司在商务接待中有一项服务也尽显“敏捷”特色，那就是合影服务，这也是客户评价比较高的一项服务。其特点就是快，而且标准统一。具体如何做呢？在接待客户时，我们把第一个环节安排成合影，公司领导接到客户之后，就会安排专人在前台大屏幕前或者大堂前面用单反相机拍摄和客户的合影，拍完之后，在客户参观展厅和实验室的40分钟左右的时间里，我们就会将照片导出来，修图，并用专业的设备和相纸打印出来，装在事前准备好的相框里面，然后直接拿到我们和客户开会的地方，摆在桌面上。这样当客户参观完展厅和实验室，对公司留下不错印象之时，走到会议室又收获一个惊喜——座位上除了整整齐齐摆放着各种会议资料之外，同时还有刚刚拍的照片。见到这种情况的时候，客户往往都会赞叹“效率真高!”非常符合刚刚在展厅里面看到的“敏捷”形象。

创新——主动创新，创新性地解决客户问题

“创新”可以从两个方面来看，一方面，客户在进行创新时所提出的创新任务是源头和中心，我们要围绕客户的创新任务开展工作，帮助客户更好地实现创新，包括对新的市场需求的准确定位、快速推进具体产品方案的落地等。另一方面，创新是我们自身必须长期坚持的价值选择。在帮助客户完成创新任务的同时，我们也要不断面向客户推出创新方案，满足甚至超越客户需求，让客户有“眼前一亮”的感觉，感到我们是不一样的，这就是我们的价值。我们在智能控制器解决方案这个专业方向也要长期坚持创新，围绕创新打造我们的竞争力，提高终端产品的附加值，从而真正带动行业发展，为客户创造价值。

关于创新，公司内部曾经有比较多的争议，主要的疑问是我们的

创新性到底有没有成为我们差异化或者相对稀缺的一个特征。现在，我们有信心将“创新”二字写入我们的核心价值，证明我们已经有了答案。创新不一定是创造，它可以是从0到1，也可以是从1到N。创新不仅仅局限于技术创新，它还包括方案创新、成本优化、工艺流程创新、管理创新、服务过程创新等很多方面。客户希望我们用创造性的方法来解决问题，让他们的产品在市场上更有竞争力，这是一个共性的诉求。

创新原本就存在于我们的企业基因之中。拓邦有非常浓厚的工程师文化，这其实就是一种创新的文化，很多研发人员在技术上是非常有追求的；从财务投入角度来看，我们在研发上的投入远高于竞争对手。这些都是创新的体现。这种创新精神在客户端也是有感知的。我们通过对战略性客户访谈，发现拓邦总体做得还是比较好的，有许多打动客户的关键时刻，往往是我们为解决客户遇到的问题而提出独创性的方式方法的时候，这在很多同事讲述的客户故事里体现得非常充分。创新是我们自信的力量，也是我们动力的来源，它为我们更好地服务客户做背书，是拓邦区别于其他公司，能够在行业里处于领导地位的一块基石。

比如，在厨电产品的技术创新方面，因为有一定的沉淀，我们服务了老板、方太、海信等客户，合作也比较顺畅。我们会不断地给他们提供一些新技术、新产品，或者是一些新的点子，抑或是把我们已经踩过雷的地方告知他们，这样客户就会觉得很踏实，对我们的信任也增强了。

我们通过组织变革实行的“铁三角”组织，能够更快地响应客户的需求，这也是一种管理创新。

创新是多元化的，我们不但要在内部鼓励创新，形成创新氛围，鼓励大家在各自领域进行创新、改善和提升，而且要关注外部客户和行业的变化，积极进行创新技术和模式的学习、导入和转化，提升公司的竞争力。

伙伴——质量交付皆可信赖，做客户的亲密伙伴

在客户的心目中，拓邦首先是一个供应商。客户最看重的是供应商的产品品质、价格、灵活性、交付能力，这四点达到客户要求后，拓邦才有可能变成客户的合作伙伴。比如，在价格方面，为了给不同的客户争取到最优惠的价格，拓邦将采购分为很多类，如战略采购、策略采购、前端采购、后端采购、项目采购等；再比如，在灵活性和交付能力方面，拓邦的做法是客户在哪里，我们的工厂就设在哪里，不仅国内是这样，在国外，如越南、印度、墨西哥、罗马尼亚等国家，我们也纷纷设立工厂，目的就是为了快速地满足客户对交付的需求，这些都是我们和客户成为合作伙伴的基础。

我们的业务模式决定了我们跟客户的关系必须是伙伴关系，我们要在客户不同的发展阶段都能很好地为客户提供服务，与客户共同发展，甚至一起应对危机，互利共赢，不是只计较单个项目的盈利，而是重视全生命周期的合作。我们与供应商的关系也应该是伙伴关系，我们内部所提倡的“雁行精神”就是伙伴关系的体现。我们希望伙伴关系是从外（客户）到内（拓邦内部）再到外（供应商）延伸的。

伙伴关系如何构建呢？伙伴关系意味着双方的关系是平等的、相互信任的，尊重伙伴、成就伙伴，底层逻辑一定是达成共赢，为客户创造价值，同时成就自己。我们和客户的合作往往不是一锤子买卖，

由于我们提供的是定制化的产品，实际上我们的业务已经嵌入到客户的体系里面去了，双方只有成为全体系的合作伙伴，客户才能放心，才会更加信赖我们。正因为如此，我们有很多一二十年的老客户，大家一起成长、进步。

正所谓患难见真情，伙伴关系往往建立在一定的挫折和困难之上。2020年初，正是新冠疫情肆虐的时期，我们有一个做医疗器械的客户，被国家要求开工生产，而当时我们公司还不能复工，但客户的产品需要控制器，于是客户就给我们发函，让我们用这个函去向政府申请复工，因为这也是响应国家号召。客户这一举动实际上是把供应链的生产提前拉动起来，而面对严重的疫情，我们毫不犹豫地立即向政府递交申请，并组织人员进行复工复产，给了客户一个很好的助力。紧接着，在三月份的时候，客户要求我们去跟他们公司的高层见面，洽谈全球战略合作事宜。然而当时疫情还在进一步扩散，我们的业务人员和公司高层商量后一致认为，客户不怕疫情，我们怕什么！去！于是我们的人员立即做好核酸检测和防护，坐飞机前往。当时飞机票很便宜，但同乘的人员寥寥无几。这次拜访交流让客户非常感动。在随后的四月份，客户高层也来到拓邦访问，双方都有一种生死相交的感觉，后续的合作也更加深入了。

谈到伙伴关系时，微电BG杨工也有自己的理解："成为客户的亲密伙伴就是要站在客户的立场去真正地帮助客户解决问题，这也是需要一种长远目光的。"在服务客户的过程中，这样的案例拓邦已积累不少。杨工回忆起一个故事：

这是一个通过我们的努力帮助客户大大减少损失的故事。2017年，客户有一款新产品在即将上市时被发现存在一个问题，需要返工。当时的形势很紧张，一方面是上市时间非常紧，另一方面这是一款灌胶产品，业内都清楚，一旦灌胶完成要再进行板子面上的改动和返工，难度非常大。而客户自己又没有想出很好的方案，按一般的评估，这是个无法完成的任务。如果决定返工，若无法在短时间内找到有效可行的方案并完成工作，这款产品就得被迫报废，新品上市的机会窗口也会流失，损失预计在500万元左右。客户找到我们时已经不抱太大希望了，只是想着最后试一试。我们当时站在客户的立场上进行了反复思考，基于尽最大努力减少损失的目标，我们召集团队成员一起头脑风暴。当时我们就想，有没有可能把胶壳剪掉一部分，然后逐步把烧录点抠出来，重新烧录之后再补胶，这是一种方案。还有一种方案就是把带壳的部分全部剪掉，重新做一个放上去，不过这个方法会导致大部分的器件报废掉。最后，我们想到一种最经济、最可行的方案，那就是通过夹具精确地定位好烧录点的位置，然后用车机将胶壳底部开孔，接着用热风枪把开口位置的胶吹软，用镊子将胶清除，最后重新烧入程序再补胶烘干。这样处理，首先从外观上看相对比较美观，其次对其他的元器件造成损伤的风险也比较小。但是这样做最大的难度就是在定位以及制程中应力的控制。为了这件事情，我们的工程师几乎通宵加班才把夹具以及应力调试好。当时客户拿着返工后几乎看不出任何修补痕迹的板子，连呼“Perfect!”，给我们竖起大拇指。这一方案最终返工费用只花了10万元左右，也就是说，我们当时获得的回报或者即时的效益只有10万元左右。其实，如果我们不花费这么大的力气去帮客户解决这个问题，对我们自身也没有什么影响，但是从长期价值创造的角度来看就不是这样了，我们帮客户避免了500万元的损失，这就是我们创造的价值。经过这件事情之后，客户对我们的评价和满意度有了很大的提升，我们双方的合作更深入了，信任度也更高了，这也是我们创造的价值，这些价值就远非10万元可以衡量了。

在杨工看来，这种伙伴式亲密关系的建立需要看得长远一些，而非只注重短期利益。就像故事中所说的一样，帮助客户解决问题对我们眼前利益而言并无多大建树，但让我们赢得了客户的信任，影响是长远的，它是之后双方能共同应对困难和挑战，以及我们能在激烈的竞争中巩固竞争优势的一把利器。

企业在经营过程中须建立良好的内外部伙伴关系，应将客户、供应商、内部同事都视为共同成长的伙伴。只有建立伙伴关系，才能相互尊重，才能往共赢的方向努力。全体拓邦人都应该秉持“敏捷·创新·伙伴”的品牌理念，和合作伙伴共同成长！

敏捷·创新·伙伴——在变革与颠覆中制胜未来

公司的定位很清晰，向客户传递的价值和承诺也很清晰，那就是“敏捷·创新·伙伴”。面对客户时，我们要不断地告诉他们，拓邦是一个动作快速、能够提供很多创新方案、值得紧密合作的伙伴。我们希望客户能够感觉到有了拓邦，创新路上不寂寞，有信心；专业问题不再棘手，很省心；反应快速，第一时间出现，按时甚至提前完成任务，不焦虑。当客户要创新、要开发新产品时，第一反应就是找拓邦。

我们确定“敏捷·创新·伙伴”这一品牌理念后，应该如何展开行动呢？

有四个关键角色必须发挥好作用：一是产品平台，这是非常关键的角色。客户对产品平台的感知非常强烈，所以我们的产品平台要与客户的技术人员等进行大量接触。二是技术平台。技术平台要让客户感知到我们创新和技术上的价值。三是营销中心。营销中心要围绕客户需求而转动，践行我们的服务理念——默契服务，让您省心。让客户感知到我们的这种伙伴关系，感知到我们能够帮助他们解决问题。四是供应链。供应链承担着非常重要的稳定、快速交付职能。

从具体行动策略来看，第一，要强化意识，统一认知，大家都往一个方向给客户传递我们的价值。

第二，从组织角度来说，我们要强化产品平台、技术平台、营销中心、交付平台的打造。因为只有产品平台的组织形态做好了，才能更好地配合客户方案的开发，更好地洞察客户需求。各个 BG、BU 要打造好营销中心，在所负责的片区、领域，把客户服务工作做好，紧密地围绕客户的需求展开工作，让客户感觉到我们的存在，感觉到我们和客户的亲密关系，感知我们的价值。如果天天换人，组织变来变去，那就不能让客户感觉到我们是合作伙伴。此外，要想持续不断地向客户推出创新的方案，我们的技术平台就要不断地深入开发新技术，只有这样，我们才能够拥有很多核心技术。在交付方面，对于质量、成本、交付速度等，我们也要打造出差异化优势。

第三，我们必须明确目标。比如，我们提出要“快”，那么如何体现这种“快”？一个体现就是我们新项目开发的时间要逐年缩短。如果今年我们的平均开发时间是一个月，那么明年能不能缩短到 20 天？对于新项目的开发时间以及后端的交期，每年要在上一年的基础上有所提升，才能够体现出我们的价值。再比如，客户提出问题或是想法后，我们的反应是不是够快，这也是我们应该体现价值的地方。

在中国，有信心和实力来塑造工业品 B2B 品牌的企业不多，国内有大量的B2B企业，但真正形成品牌的并不多，成功、优质的品牌更是屈指可数。这是一个广阔的未知空间，我们希望在其中进行探索，并成为B2B品牌的一个标杆，在全球品牌价值排行榜上占有一席之地。如果我们能实现这样一个远大的目标，不仅对我们自身来说有很大的价值，对整个行业、国家来说都将很有意义。

时代在变化，行业也在变化。面向变化的时代与未来，我们要牢牢记住“用智能控制技术为客户创造价值，使人人受益”的使命，让“敏捷·创新·伙伴”成为每一位拓邦人共同的价值信仰，成为客户能感知、理解、认可甚至坚守的共同价值信仰，成为支撑我们在变化之中长久存在、发展、制胜未来的利器，让拓邦早日成为全球领先受人尊敬的智能控制方案提供商。

第二章　客户亲密

“我们离客户越近，客户就越有安全感，就会更信赖我们。”这是拓邦董事长武永强先生在很多场合说过的一句话。而武总说的这种近，既在于物理层面的近，更在于心理层面的近。

“我们一直认为我们是一家技术型企业，我们靠技术赚钱，但实际上从商业模式上来说，它就是客户亲密模式。我们是给客户提供解决方案，在这个里面什么最重要？技术方案只是其中的一环，我们是要给客户提供一整套的解决方案。影响客户决策的因素有很多，技术是其中一点。技术的背后，还包含服务、敏捷性、成本、交付能力、便利性，还有信任关系等方方面面，所以这个模式实际上是客户亲密模式。”董事长武永强先生如是说。

我们是一家以 B2B 业务为主的企业，这就决定了我们除了靠技术实力取胜之外，还要靠其他方面的竞争力来占领市场，这种竞争力就是客户亲密模式。

客户是价值创造的唯一来源

客户是价值创造的唯一来源，为客户创造价值，企业才能实现自己的价值，才能长远发展下去。

成功的企业都有一个共同点：始终以客户为中心，在为客户创造价值的基础上建立持久的顾客关系。创造价值中的“价值”不仅仅指所提供产品或服务固有的价值，还包括产品给客户带来的利益与价值，即产品带给客户的解决方案。

拓邦作为一家创新型企业，经过20多年的高速发展后，现已成为全球领先的智能控制方案提供商，也是我国家用电器智能控制细分行业的开创者，是家电和工具行业智能控制业务的领导者，新能源、工业和智能解决方案的创新引领者。经过长期积累、沉淀及持续的投入开发后，拓邦拥有了一支实力雄厚的研、产、销团队，形成了完备的技术和产品体系，具备了高水平的研发与设计能力，储备了大量的前瞻性技术，拥有了大量智能控制器领域的核心技术专利，形成了全球化区域布局，积累了大量优质客户资源，为全球客户快速提供了行业领先的智能控制器和系统智能化解决方案。拓邦生产的智能控制器已广泛应用于家用电器、电动工具、园林工具、开关电源、个人护理、工业控制、燃气控制、动力电池、储能电池、机器人、IoT 等诸多领域。

任正非说过：“我们把煤炭洗得白白的，但这对客户没产生价值。”同样的道理，虽然我们耗费了很多精力，把一个产品做得很复杂，但是用户不去用，一样是没有价值的。了解客户需求，满足客户需求，超越客户需求，这就是为客户创造价值。

我们该如何为客户创造价值呢？

1．深刻理解客户需求，领先客户一步

我们要站在一个更高的层面来理解现在的工作，要学习客户的业务，理解客户的业务，通过技术手段帮助客户达到业务目标，甚至超越业务目标。这里面其实包含了两个方面的工作，一是咨询工作，一是技术工作。首先你要学习和理解客户的业务，懂得客户隐藏于表面需求背后的业务目标和业务场景，同时能为客户设计更好的业务目标和业务场景。如果不能理解客户的业务，客户为什么要找你咨询？聊一两次可能就聊不下去了。在理解了客户的业务之后，如何通过技术手段来帮助客户实现目标？如何进行设计？如何进行开发？怎么做效率更高？这些都是我们要为客户思考的问题。

拓邦之前在跟某个客户合作的过程中发生的一件事情可以很好地说明这个道理。当时公司给这个客户做了将近10000套的PCBA板，在产品线组装过程中，由于PCBA板外观相似，客户无意间将两种不同的PCBA板混装到一条产品线上，而且是几乎已经全部组装到整机产品里面之后才发现的，于是客户想在整机底座上打孔，然后通过高压气体去解决这个问题，但是客户的整机产品是密封防水的，如果打孔或者拆机检测的话，产品就会报废，整体造成的返工量和损失会特别大。后来客户主动找到我们，表明这个是他们自己的责任，但是想让我们帮忙协助处理。

原则上拓邦完全可以放任不管，不去处理这个事情，但是恰恰我们领先了客户一步，我们开发的软件有读版本号的功能。这两个不同的PCBA板，版本号不一样，所以我们马上开发了一个软件底座版，软件底座版开发出来后，工程师花了一两天的时间，把协议对接上，就顺利地把那个错的版本号检测出来了。最终，客户的几千套产品测试完之后，发现没检测出错误的只有几十套，其他的全部都是混错了的不良品。这一方法让客户减少了几十万元的损失。

2. 产品是创造价值的工具

市场上总是存在很多机会，人们生活品质的提高为市场带来很多需求，客户会根据市场的需求发掘业务机会点，找出业务机会点后，再寻找合适的供应商并与之达成合作。那么，客户怎样选择供应商呢？

很多时候，客户的业务机会点产生以后，为了更好地满足市场需求，他们会根据品牌传递的价值和满意度形成预期，并据此作出业务输出。

好的产品很多，如何开发出有差异化和有价值的产品，是产业升级和消费升级的关键。

产品的价值可以分为三类：

第一类是预期价值。预期价值就是我们认为产品的优势能给客户带来的价值。

第二类是产品给客户带来的实际价值。我们是否能真实满足我们带给客户的心理预期，客户才是检验的主体。真实满足程度如果低于预期，客户就会失望；高于预期，就会给客户带来惊喜。对产品满意的受众，才会为产品买单，才会自主地进行品牌的良性传播；对产品不满意的受众，就会抱怨和贬低产品，并会进行不良的品牌传播。所以，客户真实感受到的产品的价值，才是产品的真实价值。

第三类是带给自身的价值。产品的价值往往可以助力客户的成功。对供应商来说，客户的成功也是自身的成功，也是自身价值的体现。持续的订单、扩大的份额、优先的机会等，都是客户接受并认同了你的产品价值后带给你的反馈。这种价值，我们称之为产品带给自身的价值。

从广义上来说，一切行业都是服务业。

有一本书这样说："服务是一种思维方式。""在当今时代，谁还在把客户当成赚钱的工具，谁还在把生意当成'买卖'来做，谁还在以销售驱动来解决企业发展问题，谁就很难在未来生存下去。为客户创造更多价值，是我们收获自身价值的唯一途径。"书中的这些说法已成为拓邦上下的共识。

任何商业的核心都是价值，必须聚焦真实的价值主张。最成功的商业模式是向客户提供最大的价值，这种价值简单、朴素。我们需要谨慎承诺，拼命做事，交付超出预期。无论在何种情形下，我们都要坚持做到这一点。如果只想着赚快钱，实现迅速致富的目标，那么你将走进死胡同。

正确理解和践行“以客户为中心”理念

在任何时代，以客户为中心都是商业的本质。

在当今市场环境下，企业面临的竞争无论是横向的还是纵向的都在进一步扩大，企业想要可持续发展，最重要的就是拥有可持续发展的客户资源。自2020年以来，市场物料短缺，我们经常听到“如果我们把材料拿出去卖应该比现在做客户还要赚钱”这样的说法。不难看出，拓邦坚持在做的是成就客户。因为我们认为，客户关系比短期利益重要。客户是市场竞争取胜的关键，拥有可持续发展的客户资源，企业才能长期发展下去。

1. 从以产品为中心转变为以客户为中心

企业如何实现以客户为中心呢？这就要求企业的经营管理模式必须从传统的以产品为中心转变为以客户为中心。

我们经常听到以客户为中心这句话，每个人都在传播客户第一的理念，了解客户的想法，关心客户的问题。但这些说起很容易，做起来却很难。在实际工作中，执行或实践的程度往往不如我们想象的那么深。对我们来说，一个产品、一个解决方案，小到一个PPT、一份报告材料，最终都是要面向特定的对象，这个特定的对象便是客户。

在这种情况下，我们思考的起点应该是客户需要什么，客户想看到什么，他们想从中得到什么，他们需要解决什么问题。而作为供应商，我们产出成果的侧重点和呈现方式可以因客户的不同而有所不同，但是不变的是必须满足客户的核心需求。

与其想我们有什么，我们能提供什么，我们做得有多好，我们引以为傲的是什么，不如站在客户的立场，从客户的角度出发，首先考虑客户的问题和他们最迫切的需求，从我们的努力中输出一份真正能从根源上满足客户需求的成果。这种解决问题的思路才是我们所说的以客户为中心的思路。

就好比说拓邦有2000多项专利技术，或者我们已经为某个项目准备了一个多月，在最终提交时，需要进一步完善和总结。但在一个工作月和2000多项专利中，我们只需要输出与目标相关的技术即可，而不必把我们所有的东西都摆到桌面上，对客户说："看，我们有那么多东西，我们多强大。"

以客户为中心不等于百分之百地去满足客户的要求。因为一个企业要生存，要发展得更好，还是以盈利为基础的。客户也是一样，他们从自身角度出发提出的一些诉求，是站在自己的角度考虑的利益要求，希望拓邦能够给他们提供品质、交付、价格等方方面面均能够满足他们需求的产品。但这并不是说我们必须满足客户的所有需求，我们只是希望能够以客户为中心，在给客户带来价值的同时，也能够给我们带来价值。双方互惠互利，实现双赢，任何一方的利益受损，都有悖于以客户为中心这个理念的初衷。

很多时候，我们在做事的过程中不知不觉地就会偏离轨道或者陷入某个漩涡里痛苦挣扎，没有一个正确的理念去引导。而始终绷紧"以目标为导向，以客户为中心"这根弦，至少不会偏离轨道太多。例如，在做某个方案时，客户也需要向他们的客户或者上级领导汇报情况，使其获得认可。如果你能想到客户没想到的问题，并有针对性地提供解决方案，或者为客户所头疼的问题提供解决方案，就会极大助力客户的成功，而客户的成功就是你的成功。想客户之所想，急客户之所急，道理大家都懂，可真正做到并不容易，需要有意识地培养并刻意练习。千万不能以客户之名来表达自己的诉求，并认为这就是以客户为中心。

任何一个经过长期发展的企业都不可避免地经历一个从以产品为中心到以客户为中心的经营模式转变过程。这不是技术的改变，也不是逻辑的改变，而是发展思路的改变。

2. 以客户为中心，不等于一味地迎合客户

我们经常会陷入一个误区，以为以客户为中心就是一味地去迎合客户。我们为客户服务，实际上是要创造价值，并不是客户说什么就是什么，因此要合理评估投入产出。有些客户提出诉求时，并没有过多地去考虑专业性、可实现的问题，这种时候，我们要坚持自己的意见，并寻找一种合适的方式来取得客户的理解，而不是一味地去迎合客户。还有就是公司内部有时候会出现以部门为中心的现象，这些部门没有全盘去考虑客户的需求，仅仅把重点放在部门 KPI 上，这样就导致离我们的出发点越来越远。

3. 以客户为中心，核心是要为客户创造价值

以客户为中心，强调的核心一个是服务意识，另外一个，也是最核心的一个，就是要为客户创造价值，这样才真正体现以客户为中心。只有让客户成功，让客户拥有更多的价值，我们才可能比别人跑得远一点。拓邦的品牌理念里提到的敏捷，就是指响应速度快；提到的创新，就是要求给客户提供更多价值。在合作过程中，双方发展成伙伴关系。客户的成功，绝对不是仅靠一个人的努力得来的，而是靠一群人、一个团队在后面支撑，而且要持续做好，这就需要整个团队拧成一股绳，在目标上、思想上高度一致。

拓邦已经走出国门，拥抱全球市场，现在更加注重提高运营效率和产品技术水平，从而不断提高公司的竞争力。但随着全球经济一体化和竞争的加剧，产品同质化趋势越来越明显，拓邦获利的主要手段不能再仅仅依赖产品的价格和质量了。我们应该认识到满足客户个性化需求的重要性。以客户为中心，就是要拥有明白客户的需求、对不断变化的客户期望迅速作出反应的能力，这种能力才是拓邦成功的关键。

客户在哪里，我们就在哪里

“那都是很久以前的事了，我那时候还在一线。当时我们给美的做一款空调的控制系统，需求特别特别急，几天的时间就要我们把控制器做好，因为他们需要在那个时间点把整机定型，推向市场。美的在顺德北滘，我和我们的开发工程师就在美的对面的一个宾馆里面租了一间房，我们的工程师就住在那里，仪器设备都带过去了，就在那里调试，调试好了之后又到美的去做整机实验，真的就用一周的时间就开发好了。他们都觉得不可能，但是我们确实做到了。”这是公司董事长武永强先生分享给我们的故事。我们“就是急客户之所急，想客户之所想，配合客户抢占市场和满足客户的需求”。

这种“客户在哪里，我们就在哪里”的理念，从创业初期开始，一直传承至今。

微电 BG 很早就在杭州设立工厂，以服务华东区域客户群体；为了服务好江浙一带的大客户群体，集团也提前在宁波建立了运营中心，并在2021年正式投产；配合H客户业务的青岛办事处，配合顺德家电类业务的顺德办事处，以及为了就近服务，早早就布局的重庆研发基地、上海办事处、海外办事处等，都在第一时间为拓邦抢占了先机。

"我们2021年开始起量的J客户，集团总部在日本，但该客户的中国区总部在上海，我们在上海的办事处就有了得天独厚的优势，不管是AR拜访，还是SR的方案交流，都能在第一时间建立面对面的联系，这种亲密关系不是仅仅几通电话或者视频能够比的。尤其是合作的前期阶段，其实并不顺利，客户对我们的意见也比较大，问题很多。为此，我们在深圳总部组织了一个'AR+PM+研发+采购+生产'的专项小组，在上海办事处有4～5人的AR团队做对接。整个过程保持充分互动。我们还设置了一个专门的与大客户召开视频会议的会议室，有任何问题随时都能跟客户进行面对面沟通。现在，J客户对拓邦的信任度非常高，订单就接踵而至了。"电控BG一位部门负责人说。

谈到异地办事处筹建的问题，董事长武永强先生也深有感触："我们在海外建办事处、建生产运营基地，这个效果还是比较不错的。比如，我们在越南建制造基地、交付基地，迅速地得到了客户的积极反应，客户就迅速地把当地的需求交给拓邦去承接。2021年做了五六个亿，这个效果很明显。再比如，我们现在在罗马尼亚和墨西哥建厂，客户反应都非常好。因此，我们要就近服务客户，这个也是亲密的一部分。俗话说，远亲不如近邻，你整那么远，客户找你都很费劲，这样客户有什么事情就不会找你，而是会找跟他近的。"

组建“铁三角”团队，默契服务，让您省心

“让听得见炮声的人来呼唤炮火。”任正非先生的这句话给了我们很大的启示。过往的销售团队在前线感受“炮火”，再拉动整个团队支持作战的方式，应对现在竞争激烈的市场快速反应的需求，已显得乏力。我们鼓励大量的专业人员走到“前线”，去倾听来自“前线”的“炮声”，于是，由 AR、SR、FR 三个角色组成的“铁三角”作战模式应运而生。“我们的支持链条从原来的串联变成了齐头并进”。

1. 铁三角角色由来已久

说到铁三角，公司也不是这两年才有这些角色，我们现在说的铁三角，主要是从华为传出来的概念。但是这些角色，其实我们一直都有。最初的时候，我们到客户那里去，客户有一个项目，我们的销售人员看到了项目机会，想去争取这个项目时，他们就会把研发人员带过去。研发人员过去以后，就会去看客户的产品，然后跟客户谈，了解客户需求后，研发人员会给出一些方案，销售人员就把研发人员给出的方案拿给客户，销售人员和研发人员会一起把这个项目争取过来。其实，这里的研发人员就是我们现在说的 SR 的雏形。FR 其实跟我们原来的模式很像，只是当时叫 CS，当时也是要求 CS 要走向客户端去了解客户的需求。

针对大客户，部分 BG 还专门成立了大客户组，各个模块匹配相应的资源进入大客户组这个团队，大家目标一致，围绕共同的目标制定服务策略，牢牢抓住眼前的机会，这也是铁三角的雏形，后来还发展出了铁四角、铁五角等等。

因此，在 2020 年公司正式提出铁三角概念之前，我们的部分部门已经按照这种全方位服务的模式服务客户了。

我们现在说的铁三角团队，它的诞生跟公司的大客户战略、产品线战略是相关联的。因为我们要做大客户，而大客户的要求是很高的，竞争也是很大的，要求的服务水准也很高。就像银行的 VIP 客户一样，银行会设专职的客户经理为他们服务，从而提升客户体验。所以我们必须要有专业的团队，铁三角就是面向大客户而建立的一种服务模式。

铁三角概念从正式提出到现在已经有一年多时间了，我们跟客户的关系也发生了积极的变化。

2. 专业的铁三角团队，让客户更有安全感

“立体”是我们对客户亲密模式的更高要求。在客户亲密这种商业模式之下，我们需要提供一种什么样的服务才能让客户真正感觉到亲密？除了我们的 AR 跟客户建立商务关系，快速找到线索和机会外，是不是还应该有其他的服务客户的方式？比如，SR 是否可以从技术的角度立刻把客户的需求变成我们可提供的方案，而且让客户感觉到我们的方案非常有创新性，我们的技术和产品也非常有优势；再如 FR，是否可以在方案阶段就让客户知道拓邦的整个交付能达到什么程度，交付时间多长等等。所有这些就是要让客户感受到我们的服务是整体的，是有保障的，是可以完全放心的，这就是我们在客户亲密模式下应运而生的组织上的变化。变化后的组织是一种立体的、让客户感知到亲密的组织。

以前我们开发客户是以销售为主，对于客户端机会的捕捉、获取有时不太准确。现在我们是铁三角的模式，AR 从商务的角度与客户构建关系，SR 从研发角度出具有竞争力的解决方案，FR 从交付角度提供整个交付保障。三者一起，就可以在客户开发、机会捕捉方面做得更好，准备更充分，让客户亲密度全面提升。这是一个体系，AR、FR、SR 形成了三位一体的共同体，大家为了共同的目标，在做好本职工作的同时，一起去客户端识别机会，获取机会，让机会更好更快地落地，让客户更加满意。

在铁三角模式运行方面，锂电 BG 负责销售的任工颇有感触。在铁三角模式推行之初，她成为了其中的 AR 角色，这个模式的工作流程和她以往的工作流程有很大的不同。当时她半信半疑，因为不确定后端负责研发的同事直接介入到客户的沟通中来，是否会对她的业务造成影响。有一次，有一个高压家储项目，这个项目对技术的要求非常高，并且客户在国内已经有了一家供应商，如果我们不能提供更具竞争力的方案的话，客户肯定是不会选择我们的。但随着 SR 的加入，他们在技术方面的推进使这个项目做得越来越顺，任工也因此打消了各方面的疑虑，并且对铁三角模式越来越有信心。任工表示："有的时候 AR 一个人去对接客户的时候，会觉得有点吃力，但这一次是 AR、SR 齐上阵，实现了 1 +1 >2 的模式，这种模式对项目的成功落地有着非常重要的意义。我认为创新不仅仅是产品方面的创新，工作流程和模式也极具创新价值。"

铁三角的作战模式是一个大的概念，实际上我们除了对 AR、SR、FR 有要求之外，中台的研发、品质、制造等人员在有需要的时候都要走到客户那里去。我们对客户的市场、价格要求、技术要求、交付要求是全方位了解的。

"我们有更专业的人去解读他们的需求，就像谈恋爱一样，你让客户感觉到'你很懂我'，这种亲密感就有了。以前你在客户眼里是供应商，现在你变成了一个合作伙伴。我们未来的目标就是成为客户不可替代的伙伴，离开我们不舒服，至少要有这种感觉。"这是电控 BG 的一位 SR 代表的心得分享。"前段时间频繁出差江浙，跟客户的技术、市场、采购等不同角色的人进行交流，我看到了我们未来几个亿的业务机会，也看到了客户对我们的期待，就像是双向奔赴的爱情，有一种未来可期的踏实感。"

重构客户满意度流程，真实解决客户痛点问题

我们一直在谈论客户满意度，在想办法提升客户满意度，但是客户满意度的评估标准是什么呢？我们又该如何去分析、去解决客户的真实痛点问题呢？

访问了众多客户以后，我们发现客户在评估对拓邦的满意度时，比较看重的是产品研发能力和创新能力、交付服务能力和产品品质能力，而这些也正是客户的痛点问题所在。

第一个问题是产品研发能力和创新能力问题。研发和创新是我们和客户合作过程中最核心的内容，我们给客户设计产品，实际上是在通过产品给客户创造价值。正确的产品、好的产品才能产生价值。我们需要仔细聆听客户的声音，分析客户的需求。客户心里可能会有很多需求，如果我们只是停留在表面，而没有去深入挖掘客户真实的需求，那么我们作出来的产品可能不尽如人意；我们需要先客户一步识别出产品各个方面的技术点、风险点，定期与客户沟通并输出一些项目，总结出一些技术点，并向客户介绍我们对产品的规划思路，展示我们技术方面的能力。

第二个问题是供应商交付、服务能力问题。在与客户合作的过程中，我们会遇到各种各样的问题，不管是什么问题，都要求我们必须拥有强烈的责任心以及快速响应的能力。我们常说的异地交付，其实也是快速响应的体现。说到客户服务，最直观的就是 CQE 这个岗位，当客户有需求，找到作为供应商的我们时，CQE 就会给他们提供服务，在服务过程中，最重要的便是“敏捷”，即快速响应客户需求并高质量完成，这是头等重要的事情！客户遇到的问题可能并不是拓邦的问题，而是客户自身的问题，但是无论问题出在谁身上，首先我们想到的都

是如何去帮助客户解决问题。

第三个问题是产品品质问题。产品品质超越了客户关系，客户关系和产品品质是相辅相成的，如果两者都是佼佼者，客户满意度就会较高；但是如果产品品质出问题，那客户关系只能作为附加值。产品品质问题是一种危机问题，所谓危机，其实有危也有机，重要的是怎么去处理这个危机。任何一项业务都不可能永远不出问题，但出了问题之后，从客户的角度来看，最让客户恼火的是什么？我们的响应速度、态度怎样？如果我们能够在第一时间去解决问题，能够跟客户站在同一个战壕里面，尽可能快速地把损失降到最小，或许对拓邦来说，反而会是一件好事，因为客户会感受到拓邦作为一个供应商所呈现出来的积极态度。

在以往，为了获取客户所有的需求信息，我们通常通过漏斗型交流模式与客户进行交流。所谓漏斗结构，就是指销售部门作为客户与拓邦之间沟通的衔接点，客户与拓邦之间的信息交流必须通过销售部门来完成。这样的工作模式更像是销售部门带领大家在做事情，拓邦其他部门对客户端机会的获取，对客户需求的理解均来自于销售部门。但是，由于专业领域的不同，其他部门通过销售部门得到的信息可能和客户原本的真实需求存在偏差，还可能会造成一些误会。比如，其他部门会认为销售部门在一味地提要求，而销售部门则会认为其他部门不配合，从而使双方产生对立情绪。当其他部门不需要直接与客户进行对接的时候，他们就难以从客户的角度出发感知客户的需求，而只是在机械地进行自己的工作。

但是，目前拓邦已经改变了这种工作模式，由原本的漏斗型交流模式变成了矩型交流模式，公司其他部门与客户直接交流，销售部门只需要从商务角度进行客户关系构建，研发部门可以参与其中，根据客户的需要，从解决方案的角度快速地提供具有竞争力的解决方案。当公司各个部门都可以与客户直接交流的时候，团队的工作效率就有了显著的提升。研发部门跟客户做技术交流，能够听懂客户的需求，也会把自己将遇到的困难反馈给客户，双方针对各自遇到的问题，站在相同的角度上去分析、解决。比如，在某个项目中客户可能会在设计上要求过严导致成本偏高，我们的其他部门了解情况后会思考可不可以在满足客户要求的前提下，合理地降低产品标准，帮助客户节省成本。有了这个想法后，工程师可以直接跟客户进行沟通，甚至可以现场了解方案的可行性，而不是由销售部门来进行双方传话，其他部门也不再需要去想象，而是主动去了解、去优化。这种解决问题的方式让客户和拓邦之间减少了阻碍，达到准确、高效的目的。

不仅仅研发部门的同事可以与客户直接交流，交付部门的同事也可以直接了解到客户预计在什么时候有需求，有多少需求，希望的交付计划是什么。得到客户准确的需求以后，我们就能提前备料，做产能准备，来保证交付的完成。这样，不同部门的同事都与客户交流沟通后，我们就可以了解到客户最真实的需求，减少信息误差，解决客户的真实痛点问题，从而全面提升客户满意度。

重构客户满意度流程，不仅仅是需要改变双方交流的模式，更重要的是我们在聆听客户心声的时候多衍生一些想法。比如，对于合作顺畅的客户，可以结合自己对客户的了解，站在客户的角度去想问题，深挖客户的真实需求。如果客户突然问我们有没有做过什么，那么他们可能会有这方面的规划，所以聆听客户心声，不要只停留在表面，而要洞察客户背后隐藏的真实需求。对于那些对拓邦满意度不高但是值得发展的客户，我们除了多了解他们的需求外，还需要不断去努力，去做一些工作。有时还需要公司的高层、研发总监、销售总监一起与客户交流，看看我们有哪些地方需要改善。我们也在不断地寻求客户对我们满意度的反馈。能不能解决问题是一方面，但是我们要不断努力，要用真诚的态度尽可能将工作做到最好。

走出去，聆听客户的声音

我们鼓励公司的工程师、后端品质部门多走出去，多听听客户的声音，这样既可以从客户的声音中知道我们做得不够好的地方，又可以通过最直接的方式知晓客户的痛点。只有知道了做得不够好的地方，知晓了客户真实的需求，我们才能去改善、去满足。

“除了销售的关系网之外，另一个走出去聆听客户声音的重要角色，就是高层。公司高层和 T 客户的高层彼此之间会有一个定期的会面，他们会坐在一起谈谈未来的方向、战略，做一些对时下宏观环境的分析、预测。2020 年中美贸易摩擦，双方高层会面，很快就达成共识——往越南去。”

“然后我们就抓住了这一次机遇，成为 T 客户在越南第一家实现量产的 PCBA 供应商，把量产的项目都抓到手了。后面过去的，就只能吃我们吃剩下的。有一些没量产的项目，因为碰上疫情，难搞得很，而我们因为 2020 年果断快速地赶过去，工厂运营基本上都已经步入正轨了。”

负责 T 客户的 BU 总经理李工说道。李工是一位 2011 年入职拓邦的应届毕业生，他对于客户关系的理解，在一定程度上代表了拓邦对于提升客户亲密度的一种理解和坚持。

有时候选择比努力更重要，而正确的选择，往往建立在足够的信息上。正所谓“知己知彼，百战不殆”。除了销售部门、高层的行为外，我们的 SR、FR、研发部门、品质部门等都是需要对接客户的。这些有机会接触客户的部门及员工，无论是形象、言论、专业度，还是他们作出来的资料、报告，都会影响客户对我们的印象。

客户在哪里，我们的服务就在哪里。锂电 BG 经历的这个案例充分证明了这一点。

深圳到重庆有 1450 公里，从接到客户电话到测试完两个山间基站，我们用了 36 小时。我记得印象最深的一次就是 2020 年 6 月份，重庆那边有一个山区发生了地震，客户那边的市电停了。第二天早上 7：00 客户就给我们打电话，但是客户所在地离黔江市有 70 多公里，全是山路，我们从深圳抵达黔江市后，开车过去花了 3 个多小时，道路比较蜿蜒，中途还有很多落石。大概下午 3：30 我们就赶到了山里，当地负责运维的人员带我们上山去看那个基站，我们发现电池已经充满电了，但是在停电之前，是完全没电的。这说明问题并不是出现在产品身上。问题解决后，客户对我们 24 小时就赶到现场是很感动的，而且 36 小时我们就把问题解决了，48 小时就把报告给了他们。客户当时是有一点内疚的，主要是觉得让我们大老远从深圳跑到重庆。后来，客户把我们写的报告下发到他们的各个地市的子公司，让所有运维人员去学习。

也许正是这种来自拓邦每一个工程师的使命感，让我们在一次又一次与客户的合作中把拓邦的品牌形象深深印入了客户心中。

“客户亲密度并不是万能的，实际上还是需要你有硬实力。”技术出身的方工在谈到客户亲密度的时候补充说道。这就是技术人的坚持！拓邦也一样，认为技术就是根本！

延伸阅读 1

一 场 硬 仗

（微电 BG　李工）

2016 年 2 月 25 日，离量产不到两个月的时间，拓邦能不能支持客户在这两个月内把这两个方案跑到最后。

一份来之不易的信任，一种全力以赴的决心

当时我去客户那里开一个项目例会，正好碰到他们的一个工程总监，他当时神情比较着急，看到我时说："这不是拓邦来的小伙子嘛，正好有事找你们，过来一下我办公室。"他说现在项目眼看着还有两个月就要上市了，这是一个好消息，但是还有一个坏消息，那就是美国那边最近的一批样板测试时有烧机的情况，所以我们现在整个团队决定要启用 planB，就是两个方案同时跑。

其实开始时我是有点排斥的，但是我仔细想了一下，既然客户都在这个点上把我给 Call 来了，说明他们确实希望我们可以在这个节骨眼上帮到他们，把这个重要的案子做下去。所以我觉得哪怕有再多的疑虑都要先压下来，先解决问题。于是我跟他们说我们一定不拖你们后腿，一定把事情做好。

一场与时间的赛跑，一个要坚决完成的目标

一个新的方案要重新开始的话，时间是我们最大的问题。我们不光要跟东莞这边达成共识，还要征求美国那边的最终意见，所以这种跨公司的沟通环节，对我们来讲也是一个挑战。当我把这件事情向马总（伟）汇报后，马总看问题很通透彻，很果断地立即给内部下了指令，派最精干的人员优先为这个项目开绿灯。在接下来的两个月里，所有的资源都优先给了这个项目，目的就是一定要达成客户的量产目标！每周召开的1～2次例会，也让客户能够实时了解我们帮他们做了些什么，让他们知道在这件事情上拓邦没有停下来。

我印象最深的是当时信息部的八爪鱼（数据采集器），那段时间如果说很多同事没借到的话，百分之八九十都是在我这里。团队的成员在那段时间也像打了鸡血一样。大概在4月17日、18日的样子，我接到客户的通知，说他们决定放弃Plan B了，还是用回Plan A。我们虽然付出了两倍的努力，但最后给了客户一个满意的结果。

打好每一场硬仗，成就今天的骄傲

我们也没觉得这是一件多么了不起的事情，但是客户工程部在美国的一位总监在谈到这个case的时候，说这个case让他们意识到拓邦就是他们PCBA供应商中的BMW。

这么一场硬仗你扛下来了，人家就会觉得你就是一个他们想要的供应商。之前我们跟T客户合作了好几年，项目金额一直徘徊在几千万元，但是这个项目做完之后，客户对我们的信任度直线上升，就给了我们更多的机会，到今天，拓邦已经成为他们的第一大供应商。

做好每一件小事，脚踏实地，不饶点滴，不饶自己。实际上这些年来，我们就是通过这样一步一个脚印地坚持，一步一个脚印地相互支撑，使得公司每年都在进步，每年都在上升。我非常骄傲！

延伸阅读2

化蛹成蝶

——从0分到100分，团队付出了无数个日夜的努力

（微电BG　龚工）

X客户是工具行业的高端客户，2019年的时候我们拿到他们核心平台的一个竞标机会，从那时候开始，我们真正进入了X客户的体系，我们的团队也真正从思想上、能力上开始蜕变。

刚开始时，我们在品质、研发、工艺、制造这些方面的能力，和客户的要求是有差距的。客户第一次来试产跟线，中午吃饭的时候我问客户，如果满分是100分的话，从专业度和综合能力上来看，你们给拓邦打多少分？客户笑着说我们还有100分的努力空间。

目前X客户公司内还流传着拓邦两个非常经典的故事。第一个发生在我们竞标过程中。当时我们整个团队利用周六、周日两天时间，输出了一份上百页的非常详细的工艺可行性报告，当时客户的反馈是非常好的，他们认为这份报告远远超出了他们的预期。

第二个故事发生在项目导入的初期。第一次试产的时候，客户过来审核，发现在灌胶这块出现了一个很大的问题。为了解决这个问题，我们团队加班加点，包含我们的品质部门、研发部门，还有负责设备的人员，大家讨论了很久，也没法得到一个更好的解决方案，验证的方案也都失败了。实在没有办法，我们就跑到客户下榻的酒店去跟客户一起讨论，向客户请教更好的验证思路。通过整个团队通宵的努力，

最终把这个问题解决了。

客户曾跟我说过，在他们所有的供应商中，只有拓邦能够做到当天发现的问题，第二天日出之前就能解决。

客户对我们的尊重和信任，是需要我们去努力争取的，我们确实做到了，也值得这份信任。

延伸阅读3

给我一份信任，还你一个奇迹

（人力资源中心　游工、电控BG　冯工）

两个月时间，100多款新品订单要实现量产，有人说这是天上掉馅饼的事，有人说这是根本不可能完成的事，但只有她和她的团队知道，这是他们几年来不懈努力的成果。而公司长期构建的体系能力、以客户为中心的核心理念，也为这个奇迹的诞生提供了沃土。

本次我们采访到的是这个团队的一位代表——黄工。她曾在日本留学，回国后，大部分时间都在销售领域深耕，主要负责日本客户。在大大小小的项目中摸爬滚打过后，她积累了相当丰富的实战经验，能站在全局的角度去思考问题、解决问题。接下来，让我们一块了解奇迹背后的故事吧。

始于坚持，敬于专研

2015年她开始接触G客户，为了成为客户的供应商，她和她的团队前前后后花费了两年时间。由于当时拓邦刚进入日本市场，而且受限于日本客户的圈子文化，客户在引进新供应商，特别是没有什么日系背景的中国供应商时往往显得比较保守。这两年间，客户主要是对拓邦做背景调查，以及反反复复的资质审查。即便在最后签合同时，客户的手续也是相当严谨的，需要提交各种证明资料，做各种调查，但是黄工和她的团队依旧积极配合，他们快速的响应经常超出客户的预期。正所谓好事多磨，客户在对拓邦进行一系列调查审查后，最后和拓邦达成了合作意向。

从2017年双方正式合作，到2018年第一款产品开始量产，客户都是全程跟进的，要求非常严格。如对图纸的理解及产品细节标准的确认等等，他们都会耐心地指导和跟进。在经历了三次送样后，客户才最终敲定了这款样品。虽然这款产品整整花费了一年的时间，但双方经过一年磨合后形成的默契以及相互间的了解为之后的合作奠定了很好的基础。

客户看中拓邦的研发能力、敏捷能力、创新能力、无语言障碍沟通体制等等。拓邦的体系也足以支撑客户的需要，这些都给了客户很大的信心，所以客户把很多新品项目都给了拓邦。在2019年，客户还主动提出后续大部分产品都转给拓邦生产。

一份信任，十分责任

2020年4月，正值疫情期间，G客户突然说他们的供应商出现了问题，问我们计划可否提前，并在这时给了拓邦200多个项目，一个很大的项目群。

面对突然增加的订单需求，黄工的第一感觉是非常欣喜，但欣喜之余，她也立刻感受到了前所未有的压力。她说："在危急关头，客户内部一致认为只有拓邦能帮他们渡过难关。生死关头的这份信任之深，责任之大，我们绝对不能辜负。只能成功不能失败。"正是因为她的这种强烈的责任感，让她给自己不断树立更高的目标，同时也对内部团队提出更高的要求。她更加明白，只有将G客户的项目做好，有了背书，日本其他的潜在客户才会扩大跟拓邦的合作。相反，如果做得不好，在日本这个小圈子里，会给现有和潜在的客户留下不好的印象。压力之大不言而喻。

项目刚启动时，就得到了郑总和各个领域总监的大力支持，他们挑选出经验丰富的人员担任团队里的专职人员，全力以赴地投入该项目中。在接下来的几个月里，黄工和她的团队开启了一场没有退路的征程。

一切以客户为中心

第一批项目大概有100多个，涉及上千种物料，客户4月12日把资料交给拓邦，但6月初就要量产，算下来只有不到两个月的时间。从设计、打样、买料，到100多款产品实现量产，这对于拓邦现有的体系来说几乎是不可能的。大公司有很多流程与规范，有各个保障的节点，如果按部就班地去做，项目很难做成。所以在项目刚开始时，他们就定了基调——一切以客户为中心。项目组根据客户的需求因地制宜，重新去审视哪些节点是真正需要的，哪些是可以省略的，相当于在很短的时间内，我们打破了原有的流程管理体系，制定了能满足客户需求和当时项目要求的新流程。

由于项目众多，团队原有人员不足，所以也有大量新人加入项目组。在这种情况下，老人教新人，团队中有经验的队员会把详细的资料整理好后发给大家，再针对大家不理解的地方，成立互帮互助小组，开会组织大家学习。同时，为了减少项目的沟通成本，他们采取了“集中办公”的做法，前期开发阶段办公地点设在深圳，后期试产、量产阶段办公地点设在惠州。

在后端生产环节，他们先把有经验的员工集中起来，并设立几条专线做G客户的产品。先把线做出来，再做专线。后端也增加了很多设备，包括波峰焊、点胶等，投资很大。项目团队还特地聘请了日资改善专家，专门针对产线问题提供改善意见，为实现产品稳定、高品质的量产保驾护航。

截至9月，已生产和正生产的产品达200多款。为最大化地利用资源，他们把项目分成三批进行，把人员分成两拨，第一拨先做第一批项目，另外一拨同步做第二批项目，等第一批项目完成后，第一拨又接着做第三批的项目。

整个项目做下来，加夜班成了项目组的常态，非常辛苦。难能可贵地是，他们从未抱怨过，从未停止前行，项目组、研发部门、供应链、制造部门、品质部门思想高度统一，拧成一股绳，在疫情暴发这种特殊时期，跨过了无数个难关。

项目能够顺利进行，黄工和她的团队付出了很多努力，客户也给了我们很大的支持。客户成立了专项协助小组，把部长级和课长级等关键人员全部集中起来，在最关键的采购和研发模块，客户的专项协助小组会了解拓邦的需求。由于疫情暴发无法来到中国进行支援，客户在他们的中国工厂也成立了现地协助团队，驻厂拓邦确认产品标准，协助采购物料等等，给予了我们很大帮助。黄工团队每天都会跟日本客户开会，交流当天的情况，以及后续的具体计划。交流的过程，也让她更深切地体会到了“敏捷·创新·伙伴”的价值。

团队互助，共同成长

黄工在提到这个项目的时候，很感谢她的团队，说团队里的每个人都非常优秀，配合度和协调度都非常好。她说：“我之前跟大家说真的是创造了一个奇迹，这个奇迹是属于他们的。”

这是一场持久战，其中的压力和难度可想而知。有人深感责任大，造成压力过大抑郁了，但他们坚持到了最后一刻；有人持续奋战后住进了医院，出院后第一时间又回到团队；团队里的女孩子面对几乎不能解决的问题，又必须去解决时，崩溃大哭，但前一秒哭完，后一秒又自觉地投入工作中。他们的坚强让黄工非常感动，也无比心疼。好在付出都有回报，他们经历过这次项目群后，对客户，特别是该行业全系列产品都有了新的认识和经验。

除了项目组成员的努力付出外，管理科也积极主动地参与进来，负责后勤工作，给项目组买折叠床，定期给他们“投食”，买水果、下午茶等。大家为这个项目尽一份力的心是非常明显的，也让黄工感受到，目标一致、思想统一就成功了一半。此外，郑总还在启动会上积极协调，在不同时间段给大家加油打气，所以整个团队的士气是十分高涨的。在项目完成过程中，大家也结下了深厚的革命友谊，加强了团队建设。

谈及未来，黄工说：“虽然这个项目算是成功了，但是如果后续承接类似项目时，我还是觉得有很多可提升的地方。欣喜的是我们有经验了，以后各方面工作就可以做得更细、更从容了。”同时，她也觉得公司的平台特别好，可以充分发挥自己的聪明才干。这种满足客户需求，得到客户的信任，给集体创造价值的感觉让她和她的团队特别开心、满足。

后记

短短的文字，无法说尽他们的一路艰辛。回顾整个过程，黄工和她的团队锲而不舍，使命必达，在成就客户的同时，也为公司创造了价值，让大家在实战中不断成长。这样的团队，会成为公司的榜样，相信公司后续会创造一个又一个的奇迹。

延伸阅读4

从质量管理角度浅谈以客户为中心

（电控BG　华工）

质量管理分成三个层次，第一个层次是QC，核心是检验；第二个层次是QA，核心是制定工作流程和标准；第三个层次是QM，核心是质量意识，是让所有的员工都能正确地识别出内外部客户及客户真正的需求，做到以客户为中心，并且在执行过程中坚持一次就做对。

QC针对的是物，QA针对的是事，QM针对的是人，质量管理是逐层递进，从物到事再到人的。我们在做日系客户的过程中，客户对我们的质量不满意，一方面是对我们的产品质量不满意，另外一方面是对我们的工作质量不满意。工作质量是因，产品质量是果。差的工作质量一定会导致差的产品质量。

那么如何保证每个环节每个员工都能输出符合客户要求的工作质量呢？我们通过以下三点回答这个问题。

首先，要识别出客户是谁。

客户既有外部客户也有内部客户，外部客户就是为我们的产品和服务付款的人，内部客户就是使用我们的工作成果的人。内部客户既包含纵向上的管理领导，也包含横向上的业务下游。

其次，明白客户的要求或标准是什么。

在每年与内部同事访谈的过程中，我们都会听到这样的抱怨：研发部门的同事抱怨销售部门给的客户需求不清晰，导致后面的需求频繁变更；制造部门的同事抱怨研发部门设计时不考虑加工工艺，导致经常到量产环节进行ECN变更等等。类似的事情每天都在发生。为什么会发生这样的事情呢？是因为我们在工作中没有考虑内部客户的要求，都是各自站在自己的角度去完成工作，而没有站在内部客户的角度去思考我们所完成的工作有没有符合对方的要求和标准。

从端到端的流程角度来讲，外部客户的需求和标准是什么呢？我们有没有在一开始的时候就已经识别清楚，并且能够把客户需求和标准清晰地传递到每个工作节点？如果客户需求识别不清楚或者客户需求传递中断，那就会导致最终的工作结果与客户要求相去甚远。

第三，我们怎样做才能达到客户的要求或标准。

在出现一些品质不良的产品或者接到客户投诉后，在分析原因时我们经常发现，很多情况都是在某一个环节发生了错误，但在后面的环节却没有发现。在追查责任时，大家都喜欢找别人的问题，而认为自己没有问题。所以不管是研发部门的问题，还是采购部门的问题，我们每个人要做的就是在自己的环节将问题解决，不让问题流到下一个环节（针对内部客户），这样才是真正地达到了客户的要求和标准。

之前我们在梳理BOM受控流程时，就发现里面存在大量的检查节点，降低了流程的效率。为什么会出现这种情况？那是因为我们在工作中缺乏一种对自己工作结果负责的理念和绩效管理机制，才需要上级来检查我们的工作质量。这样的情况，在我们的工作中比比皆是，给公司的资源造成了极大的浪费。

最后，评价我们每个人的工作质量的标准是“零缺陷”，我们将其理解为一次性把事情做对。所以，对于QM来讲，如果我们所有的员工都能够树立起一次做对的理念，公司建立起让员工一次做对的机制，那我们的工作质量就能得到保证，我们的产品质量就能得到体系能力的保证。

中篇·发展是硬道理

第三章　规模增长

一个企业的成长，从小到大，从弱到强，一路走来既会遇到很多机会与诱惑，也会面临诸多的挑战和选择。拓邦从一个 20 多人的小公司，一步步走到今天，成为一家营业额即将跨越百亿元的行业龙头企业。在 26 年的发展历程中，拓邦如何选定并聚焦赛道，洞察并捕捉行业的发展机会，构建企业的价值链，并借助资本市场的力量，加速企业发展步伐呢？本篇将为你解开拓邦持续有效增长的“财富密码”。

四电一网 N + 行业的规模增长

公司的主营业务为智能控制系统解决方案的研发、生产和销售，即以电控、电机、电池、电源、物联网平台的四电一网技术为核心，面向家电、工具、工业和新能源、智能解决方案等行业提供各种定制化解决方案。四电一网是我们的技术底座，我们以此来组成智能控制解决方案，提供给下游行业的客户，是我们的业务本质。经过 20 多年的高速发展后，我们已经成为全球领先的智能控制解决方案商以及家电和工具行业智能控制解决方案的领导者，同时也是新能源、工业和智能解决方案的创新引领者。

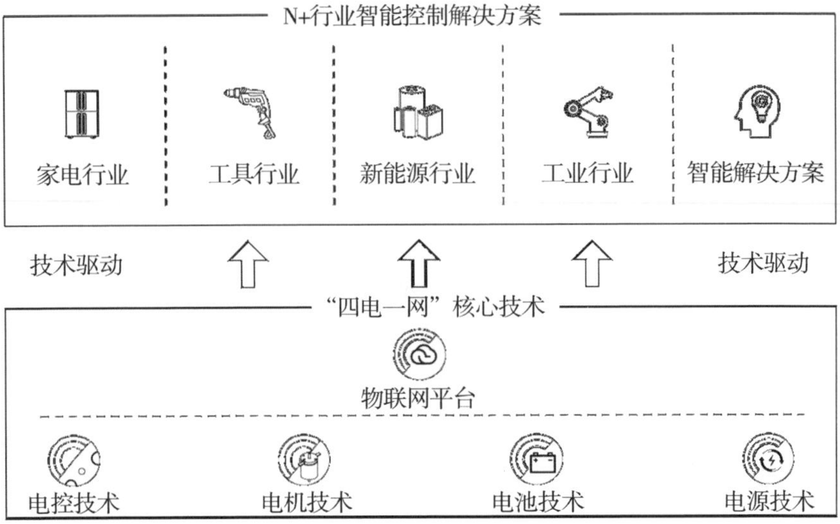

用智能控制技术为客户提供价值，使人人受益

四电一网 N＋行业图

讲到这里，我们可以回顾一下公司的发展历史，因为发展的过程也是公司技术不断拓展和升级的过程，这样可能更能帮助我们理解为什么我们现在聚焦到了四电一网。拓邦成立有 20 多年了，从时间轴和公司营收的角度来分，大概可以分为四个阶段：

第一个阶段，是 1996－2007 年，一共用了 10 年时间。在这个阶段，拓邦从无到有，开创了国内智能控制器行业的先河，引领家电智能控制行业向前发展，形成领先的电控技术积累。在此之前，国内是没有做控制器的第三方厂家的。在这 10 年里，应该讲拓邦具备了一个非常纯正的 ODM 的基因，我们从产品出发，在国内市场获得了一定的成长。在这个阶段，我们的营收从 0 元到 4 亿多元，而且登陆了资本市场，这是一个非常重要的时点，在这个过程中，也奠定了公司以产品为导向、以技术为导向的基因。

第二个阶段，是 2007—2013 年，大概就是 6 年的一个时间维度。

在这个时间段，拓邦在控制器多元化领域探索了几年，持续引领家电智能控制行业向前发展，开拓了工具行业，电控技术持续领先，并拓展了电机、电池和电源技术。这个阶段可以称为“同心多元化”发展阶段。为什么这样讲呢？原因是公司原来做控制器的时候主要聚焦在家电这个板块，其中 M 客户作为我们的第一大客户，其业务量占我们营业收入的 40% 以上。那个时候我们整个下游的家电企业的品牌力是不强的，他们对价格非常敏感，他们会把我们的源代码要过去，然后把所有的控制器收回去自己做，这样，拓邦的收入和发展就面临非常大的危机。另一方面，拓邦当时已经上市，在市场上有一定的影响力，同时也有一定的资金，我们就想着看能不能拓展其他业务，比如做一些成品，做一些自主的品牌。因此在这个阶段，我们探索了很多，比方对电机、新能源、互动数码、自动化、安防、LED、移动电源、汽车电子等业务的探索，也进军了工具行业。在这 6 年里，拓邦的营收从 4 亿多元发展到 10 亿元左右。

第三个阶段，是 2013—2019 年。在这个阶段，拓邦进行了战略聚焦，做大做强家电、工具行业，加快布局工业和新能源行业，拓展物联网平台，强化四电一网核心技术能力。在公司多元化战略运行期间，我们发现做成品和自主品牌，目标客户都是一些工程商或 C 端客户，它们的业务模式很不一样，比如，说回款有风险、和我们原有的 toB 业务会发生一些冲突等，那个时候又面临金融危机，于是公司适时调整方向，聚焦主航道。尽管如此，我们并未停止对创新业务的探索。因此，从 2014 年开始，拓邦的发展战略逐渐从“同心多元化”向“一体两翼（智能控制器 + 高效电机 + 锂电池）”聚焦。与此同时，公司自 2014 年以来围绕 T-Smart 云平台持续创新并打造的完整技术生态，应用领域已越来越广；2015 年入股研控，赋能工业控制行业。大约到 2019 年，随着新能源储能和绿色出行两大应用领域市场的蓬勃发展，公司利用积累多年的 BMS 技术，打造了电池管理的一致性、均衡性，并以电源管理技术（逆变器、PCS 等）为抓手，丰富不同功率的产品线，快速提升公司在该领域的市占率及盈利能力，逐渐形成了四电一网（电控、电机、电池、电源、物联网）的核心技术。在这个阶段，拓邦实现了营收从 10 亿元到 41 亿元的增长，6 年翻了 4 倍。

第四个阶段，从 2019 年至今。在这个阶段，拓邦在家电、工具、新能源、工业四大板块的业务布局已经形成，四电一网核心技术平台持续升级。这个时期，公司的战略意图更加明确，聚焦各行业大机会并重点投入，持续打造“拳头产品”，大力发展新能源业务。截至 2022 年，公司营收达到 88 亿元，正朝着更高的目标迈进。

这就是我们四电一网的起源。

聚焦“智能”和“低碳”是拓邦未来的目标。未来是一个智能和低碳的社会，智能和低碳将是一场长期持续、影响广泛而深远的变革，将深度影响现代人的生活，同时也在改变产品的形态。拓邦将不断在核心技术和应用行业上进行拓展，打造绿色可持续发展生态，助力国家实现“双碳”目标。

不断拓展行业智能化新机会，实现规模增长

拓邦要在未来的智能化社会站稳脚跟，保持领先地位，必须依靠规模增长。

那么，如何实现规模增长呢？无非就是选赛道、选客户、选产品。

第一个方面是采用头部客户战略。头部客户分为三类：第一类是

综合品牌 TOP 10 的大客户；第二类是专业品牌 TOP 5 的战略客户；第三类是高成长品牌 TOP 3 的科创客户。这些都是价值很高的客户。因为头部客户的订单量比较大，容易让我们把规模做得很大，效益更明显一些。而且头部客户能有效地支持公司的供应链体系，可以降低产品的分摊费用，提高产品利润率。但这也要求我们公司内部要建立良好的支撑体系，从前端的研发到后端的生产，构建全面完善的服务能力，全方位支持大客户战略，真正做到敏捷、创新、快速响应。其实，我们现在做的企业内部流程再造，建立流程型组织，就是为了能达到快速响应客户需求的目的。这是相辅相成的事情，我们服务好了客户，客户自然愿意加大加深跟我们的合作，实现双赢。

第二个方面就是丰富产品品类，提高产品附加值。现在整个社会都在讲生态，生态是一个系统，原本是一个生物学概念，但现在涉及的范围越来越广，比如，我们熟知的鸿蒙生态系统、小米生态链等，其实就是指整个系统内的产品品类越来越多，如果我们的产品品类丰富多样，就有更多的机会满足不同客户的不同需求。目前，我们公司的产品附加值还不够高，主动创造价值的深度不够，跟其他公司的产品没有拉开特别明显的差距，所以我们还是要构建我们产品的技术壁垒，提高产品的附加值，使我们的产品不容易被别人赶超，从而使我们的公司保持长期、稳定的发展。

第三个方面是尝试新的业务模式。拓邦自成立以来，主要产品还是以部件为主，较少做成品。随着消费者消费习惯的变化，结合我们内部资源共享的优势，我们也开始逐步尝试创新业务。2021 年推出的厨纪炒菜机器人，就收到了非常好的反馈，说明这条路是可以多尝试走一下的。

第四个方面是布局新赛道。我们都知道大多数企业在规模增长的时候往往都会有一个相对的平缓期，行业可能也不会一直往上走，可能会遇到行业政策的影响，或者是因为一些新行业的出现，削减了原有的业务，这些都是有可能的。在这个过程中，很多公司就选择了多赛道发展。我们也可以去布局行业里面的另外一个赛道，甚至是跨出现有行业去布局其他的赛道，来保证公司业务的规模增长。比如，现在吸引各种资本争相进入的新能源行业，就是一个非常好的新赛道。如果我们能够坚定地在这个赛道上发展，增加资源投入并且增强产品力，应该能够有比较大的规模增长。

总的来说，就是我们要紧抓机会落地，引领行业增长。对于成熟业务，我们要走向前端洞察市场机会，深入了解客户需求，不断抓住新的机会，争取更多订单，来保障公司的规模优势；对于成长业务，我们要持续提升能力，发挥公司现有优势，不断孵化创新产品并推向市场，实现商业成功；同时，我们要持续拓展新的赛道，开辟新的增长点，最终实现长期战略目标。

高价值业务的规模突破

什么是高价值业务？

在拓邦看来，高价值业务首先应该是有一定市场容量、有一定规模的业务，而且将来的成长性要非常好；其次要有自己的核心竞争力，不管是技术还是交付能力，要能够构建起自己的业务壁垒，不至于被轻易取代；再次是我们在这个业务领域要有一定的话语权和影响力，否则会时刻处于被动状态；最后一个是要有高毛利率。

如何做高价值业务？

我们认为做高价值业务，就是用四电一网技术，为家电、工具、工业、新能源、智能解决方案等行业的客户做创新的品类产品。因为现在行业竞争越来越激烈，一旦某个技术被研发出来并且成熟之后，在中国往往就会变成红海，大家相互抄袭，拼价格。但我们不希望拼价格，这样价值不大。我们提倡用技术创造价值，不断创新，之后跟客户分享价值。

现在市场的创新活力被激发出来了，客户对创新的需求也非常多，我们既需要通过客户来进行创新，为客户提供好的解决方案，也需要自主创新。比如，我们可以自己开发整机。我们不是靠整机牌子来赚钱，而是靠创新，靠创造产品来满足客户需求，通过创新的方式、创新的产品来拿到属于我们的价值。之后客户可以贴牌，客户挣牌子的钱，我们挣创新产品的钱，这些是高价值的。

比如，我们给国外的一家公司开发了一个厨房用的电器，这个电器里面是什么呢？主要是SR电机。SR电机转速高，而低转速的扭矩大，因此这个电器可以通过高速旋转来搅碎食物，而且声音还可控。这是我们电机技术的一个突破；再比如，我们做了两款照明产品，分别是家居场景照明的解决方案和商业办公场景照明的解决方案，这是基于我们自己的云端系统打造的自主可控的系统，它的价值也是很高的；还有我们做的炒菜机，能够实现在烹饪过程中精准控温，满足了中餐烹饪过程中对火候与锅气的极致需求，同时实现了内置菜谱以及智能云平台控制，让烹饪更加便捷。这些能解决行业痛点问题、科技属性突出的技术和产品，都是前景好、价值高的业务。

打开价值链，寻找价值增长点

首先我们需要明白，没有哪个行业中的企业可以同时涉足所有价值链，并且不是所有企业都能找到微笑曲线的两端，一定是企业的某种能力达到了才行。有的时候企业能力达到了，但外部环境不允许。比如，像华为这样的企业，就完全可以站在微笑曲线的两端，但外部环境不允许，他们也是没办法的。

但不管外部环境如何，我们都应该先把主业的竞争力做出来，然后才去进行上下游的扩张，而且进行上下游扩张时要非常谨慎，要让供应商感觉到是大家共同发展，有利可图，而不是让他们时刻有很强的危机感。如果动不动就我们自己做，不用供应商供货，或者动不动要并购供应商，这些做法都是不妥当的。因为我们不一定有这样的能力。恰当的做法是看能不能培育愿意跟我们共同发展的供应商，让双方都做到成本最优。对下游也是一样，我们不能让下游的客户感到不安。我们现在做成品都是小心翼翼的，尽量不跟客户业务发生冲突，但是有时也会存在冲突，在这种情况下，就要看未来产业的发展前景了，如果是我们必须要突破的领域，那么我们宁肯以后不再做这一块的部件，也要去尝试新的业务。

我们在投资这块的价值主张是紧紧围绕我们的战略、围绕我们的主航道来进行。投资一是并购，一是组成生态系统。比如，有一些业务跟我们合并之后，能够产生 $1+1>2$ 的效果，在这种情况下，我们就进行并购；有一些业务和我们是一种生态系统的关系，比如，上游的元器件业务，我们投资它可以形成一个生态，使我们的主业能够发展得更好。

市场驱动，拓展新赛道

公司整体的要求是健康增长。我们当前所做的家电和工具，复合增速30%左右，但是整个市场容量是有限的，外部的环境在变化，客户的需求也在变化，我们要调整一下自己的业务结构，以保证我们的业务持续不断地增长。为此，公司组建了家电、工具、锂电、工业、新能源品牌六个IPMT，由不同领导牵头做一些顶层规划和布局，让我们的业务发展更加多元、更加细致。

在新能源这一块，公司始终在寻找蓝海，也找到了一些。比如，电气BG做的逆变器、充电枪控制器、汽车充电桩、汽车电子等。这些不属于我们原有业务范围的业务，我们把它定义为新能源业务。

我们现在主要做家电、工具、新能源和工业这四项业务，除了这四种业务之外的新业务，我们都在探索，而且有一部分已经形成一定规模的销售额，所以我们应该不断地去寻找新的方向，新的业务领域并不断培育新业务，因为有些新业务比我们原来的传统业务利润更大、价值更高。原有的业务比较成熟，一项业务一旦成熟之后，利润空间就比较有限了。

对于品牌这一块，刚开始时我们称之为新模式委员会，后来改称X委员会，最后叫作品牌板块。这个板块主要包含物联网业务、品牌业务等。我们现在做的森选立式吹风机，实际上就属于品牌板块，它是自有品牌的成品，销售模式跟我们原来的不一样，我们原来的销售模式是toB，森选立式吹风机则是toC。

关于森选立式吹风机还有一个故事。这个产品之所以能够出现，完全是出自于我们内部一位工程师的灵感。他有时候给他爱人吹头发，因为吹的时间长，举起来的手很累，他觉得很痛苦。另外，吹头发时他老婆可以玩手机，他却要在那拨弄头发，不能干其他事情，所以他就想：在他们家是他帮他老婆吹头发，那其他家庭是不是也有像他这样需要帮老婆吹头发的男士呢？如果没有男士帮忙，那么女孩子是不是都要这样去做呢？因此他从用户的立场出发，觉得用户需要解决这个问题，然后就有了这款立式吹风机。

但这个产品刚开发出来的时候，不是所有的人都习惯使用。为什么呢？因为个人的习惯不一样。有的人洗完澡以后，喜欢让头发自然风干；有的可能觉得手持吹风机也没什么不方便的；也有一部分人头发比较浓密，吹起来费时费力；还有一些人纯粹就是懒，觉得拿这个东西比较累。所以我们做这个产品时，并不是说要成为所有人的刚需。虽然吹风机是大多数家庭的生活必需品，但立式吹风机不是，它是针对那些比较“懒”的人开发的，这些人觉得按以往的方法吹头发费时费力，所以他们就特别喜欢，所以说这个产品是针对某个特定人群的。除此之外，还有一些处在中间状态的客户，他们可能不知道自己有这个需求。举个例子，我们公司有位领导在拿这个产品回去试用之前，家里人的第一反应是不要，占地方。但他是负责这个业务的领导，觉得还是带一个给家人试用看看效果。首先他给他女儿用，他女儿头发比较多，以前都是爸妈帮她吹，她自己不想吹。有了这个产品后，他女儿就可以自己吹头发了，所以他女儿就特别喜欢。他老婆当时想着占地方，但她用了以后发现还可以，而且是从一开始的还可以，最后变成了不再用原来的吹风机了，每次洗完头，就很自然地坐在那里吹。再到后面，让她用回原来的吹风机时，她不习惯了。这类人群就是不知道自己有这个需求的，一旦习惯用立式吹风机之后，再用原来的吹风机就不习惯了。

还有我们现在做的物联网，酒店的自助入住机、贩卖机、智慧园区等，因为都要用到数据平台，实际上就是一种物联网。它通过很多联网的硬件，加上一个平台，通过平台来运营网络，从而收取相应的费用，这也是一种新的业务模式。

市值提升，加速公司增长

在谈到公司市值管理时，公司董事会秘书文朝晖说：“很多人对市值管理的第一感觉是‘炒股票，操纵股价’。其实市值管理是上市公司基于公司市值价值信号，比如，公司业务转型升级、估值重构、基本面改善、盈利能力提升、新产品研发成功或进入新市场等，综合运用多种科学、合规的价值经营方式和手段，以达到公司价值创造最大化、价值实现最优化的一种战略管理行为。市值管理可归纳为三个方面的内容：价值创造、价值经营和价值实现。其中价值创造是市值管理的基础，价值经营是市值管理的关键，价值实现是市值管理的目的。作为一家公众公司，我们在为股东创造价值的同时，发挥好资本市场的融资功能及杠杆作用，增加资金的来源渠道，加速企业的经营发展，关键时点助力企业实现弯道超车。市值的提升，不仅可以提升融资的空间，为业务快速成长提供增量现金流，还可以增厚股权激励收益，夯实公司中长期激励机制，提升员工的幸福感和凝聚力。同时，也能增强公司的品牌影响力，提升作为公众公司的形象。”

一家公司上市后，它的市值实际上代表了外界对这家公司价值的判断，即资本市场认为公司做的事情值多少钱，在社会上的价值是多少。

拓邦在资本市场的逻辑是什么呢？是用四电一网技术为客户提供解决方案，这是拓邦的业务模式、业务类型。

经过多年的发展后，拓邦得出几个结论：第一，智能控制行业是没有天花板的，发展空间很大。全球有上万亿美元的市场规模，所以拓邦的发展是没有天花板的。第二，拓邦每年以30%的速度在增长。这就给投资者带来了一种认知空间和价值判断，公司的价值是在不断地、稳定地、持续地增长。就像投资者买股票一样，现在很多投资者都想长期持有一家公司的股票的，这时，他们就会看这家公司是做什么的，公司的发展前景怎么样，公司能不能给社会带来价值等等，从而来判断公司股票的上涨空间。过去的6年，我们以复合增速30%的速度在成长，这也向市场传递一个信息：保持现有增速，到2025年，公司营业收入达到200亿元是具备发展空间的，公司也会一步一步地去实现既定目标。当我们的目标实现后，市场就会越来越相信我们，甚至去计算我们2030年的业绩预期。我们也告诉投资者，拓邦已经进入家电、工具、工业、新能源这四个行业，我们还会进入新的行业，比如，汽车电子行业等，我们将这些称为绿色出行，我们还会不断地拓展业务，我们的规模会不断扩大。

关于市值提升这个问题，客观地说，拓邦对整个资本市场的重视程度还不够，总是觉得把业务做好了，市值自然就增大了。就像我们以前做产品一样，总想着把产品做好就行了，很少主动去告诉客户产品的优点和缺点，还是功能思维。

今时不同往日，现在进入资本市场的公司很多，对投资者来讲，如果公司没有特别明显的特点，是很难被投资者发现并长期投资的。资本市场是讲究企业基本面的，如果企业的基本面较好，就可以得到更好传播，管理逻辑、客户逻辑也讲得顺，最终会呈现好的结果。在过去几年，拓邦无论是收入，还是利润，吸引力都不够强，但从2019

年底开始，我们跟资本市场的互动增强了，更加积极地进行主动管理。比如，董事长出席一些投资者会议等等，这其实是给市场传递了一个很强烈的信号——我们关注市值管理；否则投资者会说拓邦都不关注市值管理，我们为什么要给拓邦抬轿子呢？

公司在2020年初面向市场融资的时候，市值才50多亿元，后来公司证券部制定了一些策略，对投资者加强宣传，做行业路演，提升行业关注度。2020—2021年，拓邦股份成为整个通信板块里面最热门的股票之一，拓邦的行业地位进一步提升。随着公司市值的提升，客户和供应商对拓邦的印象也不一样了，给拓邦的支持更多了；内部员工的自豪感更强了，都在讨论未来实现200亿元及500亿元营业收入的目标，这在无形中提升了大家对公司发展的信心。

总而言之，市值对上市公司来讲是非常重要的，它是体现公司综合实力的指标。未来，我们会继续关注这个指标，要实现收入和市值的双增长，并且市值的增长要超越业绩的增长，产生杠杆效应。

全球化和“一带一路”给我们带来的机遇和挑战

随着综合国力的提高，中国已经是全球最大的单一市场，而且中国供应链在全球的竞争优势得以显现，海外产能持续向中国以及东南亚转移，同时产业向头部集中。拓邦作为智能控制行业的龙头企业，行业地位和市占率逐年提升，有实力、有资金、有能力去布局全球市场，这是个比较好的机会点。因为在全球化过程中，在客户要求供应链多地区分散的需求下，不是每一个企业都具备这种能力去响应客户的需求。而且对于智能控制行业的企业来说，拓邦在国际化方面还是比较领先的，起码我们有了一些经验，包括运作模式、人才、与国外文化的磨合等，我们都比别人先走了一步，已经取得了先发优势。

同时，新冠疫情让中国对原有产业结构的调整更加坚决；此外，因为中国的疫情控制得比较好，很多国外的订单都转到中国来了。

举个例子，我们有一个做摩托车配件的客户，我们主要为他们提供控制板、电机。2020 年，他们的业务开展得非常好，2021 年也很好。为什么呢？因为印度是摩托车制造大国，但印度的疫情非常严重，所以这个客户的供应链没办法跟上，很多国外的客户就把订单转移到中国来，中国的供应商接订单接到手软，原有的产能都跟不上这些新增订单的需求。拓邦也存在这种情况，因为疫情，一些客户的海外供应链交付不了或者国内的供应商在原材料紧缺的情况下没办法生产，导致客户把很多订单转交给我们。

另一方面，这种形势也给我们国内提供了几个比较大的机会：第一个是做全新品牌的机会，第二个是做产品的机会，第三个是做实体经济的机会。

为什么这样讲呢？第一，做全新品牌的机会。那是因为我们的民族更自信了。现在的年轻人，像“00 后”“10 后”，他们不再像上一辈人一样，觉得国外怎么怎么好，他们会觉得中国是最好的，尤其是经历新冠疫情之后，中国人的民族自豪感、民族自信心更强了，大家更加喜欢中国品牌的产品了。原来的那些品牌会老去，有些东西会消失。现在的年轻人需要国产新锐品牌，而拓邦尝试的一些新品牌、新成品业务在市场上也收获了较好的反馈，这是一个比较大的机遇。

第二，做产品的机会。我们发现，很多年以前是渠道为王、平台为王。第一个阶段叫渠道为王，以线下为主，国美也好，苏宁也好，超市等等也好，都是渠道为王；第二个阶段叫平台为王，如天猫、京东等等；到第三个阶段的时候，我们发现我们所接触的渠道太广了，多渠道并存，没有一个流量能集中化，比如抖音、快手等视频化的电商，还有原有的传统电商，甚至是公众号、微商等等，渠道非常分散。渠道分散带来的就是激烈的竞争，渠道的话语权变小了，但优质的产品是稀缺的，现在是一个产品为王的时代，所以说给我们带来了一个做产品的机会。

第三，做实体经济的机会。国家现在将重点转向了实体经济，这就给了我们这种做产品、做制造的企业一个机会。现在我们面临第三次财富重新分配的机会，财富重新分配其实就是希望消除一部分不合理的收入。拓邦是做实体产品的，收入都是合理的，有合理的利润空间，给客户创造了比较实际的价值。

当然，我们也面临着巨大的挑战。一个挑战是要在激烈的竞争中快速成长。在碳中和、碳达峰的背景下，我们要顺着国家的政策去做产业布局，但挑战就在于一旦国家去规划发展某个产业，一般都是重资产投入，而且比较容易吸引资本关注，很快会出现激烈的竞争，在这种情况下，企业要找到一个适合自己发展的计划。拓邦已经开始了全球化布局，这就要求我们必须快速具备国际化能力，包括团队素质、语言能力、思维能力，还有西方文化、全球化的企业运营管理方法、法律风险规避技巧等等，我们都要去提高或学习，只有这样，才能让我们真正成为一家国际化公司。

另一个挑战在于找准客户的核心痛点和需求越来越难。这是一个物质极其丰富的时代，终端用户的需求已经变得多元化、差异化。现在的用户是很挑剔的，我们做产品最大的希望是一个产品做出来后能覆盖一大群人，但实际上用户却希望产品差异化，这就是矛盾所在。

用户对产品有需求，对差异化的产品更有需求，这对我们来说就是一个挑战。

但无论如何，我们都要加入到这场竞争中去，去拥抱不断变化的市场，既要适应国内客户全球化战略，也要适应国外客户国内化战略。

第四章　创 新 驱 动

拓邦是一家技术型公司，我们一直坚持做一件事情——运用四电一网的核心技术，为客户提供解决方案，使人人受益。

创新是引领发展的第一动力

“发展是第一要务，人才是第一资源，创新是第一动力。中国如果不走创新驱动道路，新旧动能不能顺利转换，是不可能真正强大起来的，只能是大而不强。”2018 年 3 月 7 日，习近平总书记在参加十三届全国人大一次会议广东代表团审议时，说了这样一段话。

随着支撑过去快速发展的传统人口红利和资源红利的消失，中国经济已经进入以资本投入、资源投入、劳动力为主的生产动力向以创新为主的增长动力转化阶段。创新驱动对于国家发展、企业发展都有着重大意义。作为一家技术型企业，拓邦一直坚持技术具有价值，将创新驱动作为企业的核心发展战略。

拓邦发展的每个关键阶段都离不开创新，创新驱动对于拓邦来说主要有三个方面的价值：

1. 创新能带来立竿见影的市场经济效益

英特尔的达维多定律被很多公司奉为金科玉律，也被认为是英特尔成功的法宝。达维多认为任何企业都必须不断更新自己的产品。一家企业如果要在市场上占据主导地位，就必须第一个开发出新一代产品，因为市场的第一代产品能够自动获得50%的市场份额。达维多定律解释了创新的巨大价值，而要做到这一点，其前提是要在技术上一直处于领先地位。

拓邦成立于1996年，它开创了整个国内行业控制器的先河，在此之前国内没有做控制器的第三方厂家。拓邦由空调控制器起步，因为其产品达到了大部分厂家没有达到的技术要求，突破了国内技术壁垒，所以有了源源不断的订单支持其每一步的发展。在解决了电磁炉产品IGBT等技术问题后，拓邦成了国内第一家智能控制领域的上市公司，销售额从几千万元上升到几亿元。在1996—2007年这个阶段，拓邦完成了从无到有的过程，并登陆资本市场。在这个过程中，也明确了拓邦以产品技术创新为导向的基因。

2. 创新能构建企业核心竞争力，驱动企业开辟未来蓝海

企业之间的竞争可以分为两种类型，一种是建立成本优势，通过降低产品制造成本，占领较大的市场份额，掌握产品价格主动权，以低成本获得竞争优势；另一种是差异化竞争，即通过创造与众不同的产品来博得消费者的青睐，吸引消费者购买，从而获得市场竞争优势。在企业竞争中，成本和产品差异化一直都是核心因素，不论采用哪一种竞争方式，技术创新都在其中起着举足轻重的作用。

电机BU总经理谢林峰分享了一个案例：电机BU一直想切入割草机市场，但由于根据现有技术方案生产出来的产品没有成本优势，所以很难进去。既然根据现有技术方案生产出来的产品没有优势，我们就想能不能重新生产一款新产品。比如，别人家的割草机都是内转子，我们能不能用外转子？后来我们成功开发了外转子割草机电机，新的产品比原来的产品更轻、更小，关键是价格更便宜。新产品推出后，尽管我们的竞争对手与客户有多年交情，但最终客户还是采用了我们的方案，因为我们的成本优势对客户冲击太大了。

通过这个案例，我们发现创新可以改进我们的生产方式和生产组织结构，使我们重新寻找新的原材料产地，开辟新的市场，这样我们便有足够的空间来降低成本，从而增强我们的竞争力。

拓邦始终坚持以“四电一网”技术为核心，面向工具、家电、新能源和工业等行业提供各种智能解决方案。近 10 年来，公司的研发投入占比营业收入都在 7% 左右，技术和产品创新不断助力公司业绩增长。2021 年，公司创新产品平台快速增长，进一步夯实了公司在智能控制行业的地位；自主可控业务占比稳步提升，很多创新的产品涌现出来，比如逆变器、温控器、炒菜机、割草机、洗地机等等，为公司的发展贡献源源不断的动力，拓邦真正进入了以创新驱动公司长期发展的发展阶阶。公司未来的发展是没有天花板的，只要我们紧紧抓住技术创新和产品创新这个关键点，我们是不缺市场的。

3. 创新能带来客户对我们的尊重，提升客户满意度

创新驱动在提升拓邦产品竞争力的同时，也在不断地给客户创造价值。在成就客户的过程中，我们也获得了市场及客户对我们的认可，赢得了客户和市场的尊重。我们通过先进技术掌握了市场主动权。

我们不希望通过拼价格赢得市场，我们提倡用创新来创造新的价值。拓邦人始终秉承“用智能控制技术为客户提供价值，使人人受益”的使命，并努力达成“成为全球领先受人尊重的智能控制方案提供商”的愿景。

如何让客户更满意？作为一家 ToB 的技术服务型企业，我们能够帮助客户的地方就是提升产品的智能化水平。与我们合作的很多客户都希望我们能跟他们一起探讨创新性方案，定期与他们做交流互动，给产品的创新方向提供思路，提升他们产品的创新水平。在这方面我们能做两件事。第一件事，是我们通过不断的创新，给客户带来很多新颖的、客户以前认为做不到的或者没有想到的技术方案；第二件事，是我们通过技术方案的展出，探索技术的创新性应用。比如，变频技术用在冰箱上会怎样，用在抽油烟机、洗衣机上又会怎么样，等等。这样，客户会有眼前一亮的感觉，对我们更满意。

创新是我们自信的力量，也是我们处于行业领导地位的底气。第一台国产化空调控制器、第一台国产化微波炉控制器、第一台国产化电磁炉控制器、第一台国产化嵌入式微电脑控制烤箱控制器、第一台国产化水槽式洗碗机控制器、第一台国产化滚筒洗衣机控制器、第一台国产化智能马桶控制器……这样的第一，在拓邦的发展历程中还有很多。拓邦见证了中国家电行业从零到征服全球的过程，在此过程中，拓邦也成就了许多之合作的家电企业，助力它们日后成为行业龙头。

从0～N，创新无处不在

人人都说创新，事事都可创新，但也有人觉得，创新很难，创新离我们很远。写这本书之前我们采访了很多人，下面让我们来听听拓邦人是怎样理解创新的。

我认为创新和创造其实是两个层次的，不是0到1才是创新，其实1到N里面也有很多创新。我们尽可能想得更多，超出客户预期；

或者在原来的基础上去叠加，比竞争对手做得更好；或者去发现一些新的东西，让自身不断进步，这也是一种创新。用通俗的话来说，就是我们可以站在巨人的肩膀上跳得更高。

——拓邦人力资源总监　戴惠娟

我觉得创新应该是三个层面的，即更新、创造、改变。更新的定义是根植于日常工作之中，不断地完善自己的工作，包括设计、工艺、管理、品质、流程等等的迭代，影响的层面和范围相对较小；创造对公司或者部门来说，是创造新的东西，比如发现并引入全新的技术解决方案，导入新的管理流程并行之有效，引进公司所没尝试过的新工艺流程并带来较大的提升效果；改变是指从 0 到 1 的改变，并且能对世界产生深远的影响，如苹果 iPhone 对整个手机行业带来的颠覆性改变。这不容易，我觉得我们公司在这方面还有很长的路要走。

——拓邦中央研究院总监　黎志

客户的需求有很多种，用户的需求有很多种，在这个同质化竞争越来越强的时代，我们怎么样才能做到与众不同？应该是拥有更好的方案、更优的成本、更高的效率、更强的性能等等。创新就是我们能做到人无我有，人有我优，从而去解决客户的问题，给客户带来价值。

——拓邦森选业务负责人　孙秀

我不是一个喜欢按部就班的人。实际中碰到问题，能够用好的办法去想、去解决，这本身就是一种创新。我希望在拓邦公司，每一个部门、负责每一块工作的单位，都是创意上的精英，碰到问题能够想办法去解决，在每一个领域、工作环节都有很多创意出来，并且能够实现。要去激活大家的创新意识，而不是大家按部就班，不断重复。

当然重复性的工作还是要有的，但更重要的是不断解决问题，我们要把创意深深地扎根于个人的思想里面，那每一块的工作都会做得很好。当你们每一块的工作都能做得很好的时候，拓邦公司就飞速发展了。

——拓邦董事长 武永强

关于创新是什么，相信每一个拓邦人都有自己的答案。发现用户一个真实的需求，找到一种简单有效的方法满足这个需求，就是创新；解决用户需求的方法和同行不同，也是创新。如果仅仅是给创新一个大而全的定义，这本身就背离了创新的本质。从 0 到 N，在拓邦，创新无处不在。

反对盲目创新，坚持市场驱动的技术创新和产品创新

创新是企业生命的源泉，每个企业都在寻找自己的创新之路。但创新意味着改变，意味着无法预测的未来，代价很大。尤其是盲目创新，可能会给企业带来重大风险，甚至灾难，加速企业的衰退和灭亡。因此，创新需要我们认真研究，科学决策。

1. 反对过度创新，创新要有所为有所不为

我们反对过度创新，过度创新意味着过度自由，过度自由极有可能使公司的发展方向偏离主航道，与公司的使命、初心渐行渐远。

拓邦在 2007 年上市之后开始多元化的探索，尝试了一些成品业务，比如自动化业务、安防业务、DTV 业务、互动数码业务等。2012 年金融危机席卷全球，拓邦遭遇了财务危机，原有控制器业务增速不及预期，

新成品业务也不乐观，成品 toC 业务与我们的 toB 业务发生了一些冲突。这个时候，我们开始了新一轮的战略思考：我们是不是业务太分散了；我们到底是做控制器还是做成品；我们需要做什么类型的客户。2015 年，拓邦重新确定了聚焦主航道的战略目标，逐渐收缩对成品业务的投入，聚焦一体两翼（智能控制器 + 锂电池 + 高效电机），以及后来的四电一网，迎来了从 2015 年至今日高速成长的新阶段。

华为内部流传一句话：领先半步是先进，领先三步成先烈。超前太多的技术，自然也是人类发展史上的瑰宝，但必须靠牺牲自己来完成。许多引导世界潮流的技术，虽然是技术赛跑的领导者，但不一定是赢家。技术再先进，也需要市场接受，客户认可，需要有人为之买单。索尼的 betamax 在当年是一款基于新技术的产品，不但小巧，而且画质更好，但却败给了对手。IBM 推出的 OS 系统在技术上曾经也遥遥领先，但今天几乎没人知道它是什么东西了。企业要先生存再求发展，不要轻易走到无人区去，做无畏的牺牲。

2．市场驱动的技术创新与产品创新

创新的成本很高，包括人力成本、资金成本和各种不易估量的隐性成本。因此，我们不要为了创新而创新，创新的目标一定要明确，它最终还是为了解决市场或者用户的一些问题，市场需求驱动技术创新，技术的发展促进产品的创新，产品创新以技术为基石。

创新需求主要来源于三个方面：

第一，我们对市场未来发展趋势的洞察。我们要能洞察出我们所处的行业未来的发展趋势，在这种趋势之下，哪些技术需要我们去突破，去超前研究，去提前做好未来技术路线的规划及布局。比如，早期公司根据行业里面比较领先的一些产品的发展趋势，不断优化我们的电磁炉方案，使我们在市场竞争中取胜，引领电磁炉的发展方向。

第二，客户的需求。客户的产品需要创新，在产品创新的过程中，也需要控制器方面的创新，在这些创新的需求下，我们会去选择那些代表着未来发展趋势的技术，并在这些方面进行技术创新。比如，我们突破烤箱温场技术难点，为方太提供了嵌入式烤箱解决方案，和方太一起开辟了嵌入式烤箱的新纪元。

第三，我们对用户端需求的深度挖掘。了解用户的真实需求后开发出真正满足客户需求的新产品。比如，森选推出的立式吹风机，就是知道了用户的痛点和现有产品的不足之后提出新的解决方案，满足用户需求。

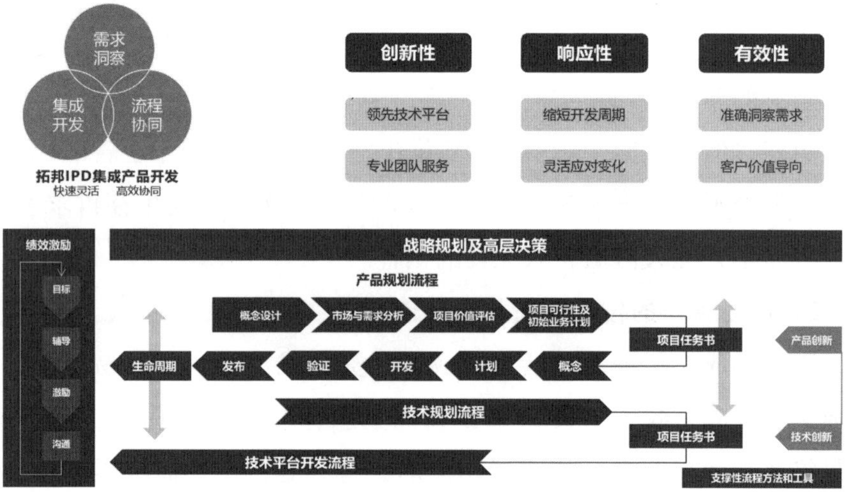

拓邦 IPD 集成产品开发流程图

3. 理论指导实践，走正确的路才能事半功倍

网上有个热议话题：爱迪生和爱因斯坦谁更厉害？毫无疑问，爱因斯坦和爱迪生对人类影响都很大，爱迪生注重技术，是一个将科学技术转化为生产力的实干发明家，他靠不断地实践去验证理论，凭借着天生的聪慧和百折不挠、永不放弃、善于观察、勇于创新的精神，创造出了很多对人类特别有用的东西。小时候我们都听过爱迪生发明

电灯泡的故事。爱迪生为了找到最适合做电灯泡的材料，不停地用白金、铁丝、棉线甚至头发丝等做实验，通过1600多次耐热材料和600多种植物纤维的试验后，最终制造出第一个碳丝灯泡。而爱因斯坦注重理论，是一个理论家，他强调用理论指导实践。大家总是说勤能补拙，勤奋是必要的，但不能蛮干，白白浪费力气。如果爱迪生一开始就知道头发丝就是一个非导体，不会导电，那么他根本就不会去做这个实验，就不会浪费那么多精力了。勤奋的同时也需要讲究方法的，走对路，你的勤奋才能事半功倍。创新也是如此。比如，阿奇舒勒的TRIZ理论。阿奇舒勒在苏联海军专利局处理各国的发明专利时发现，任何领域的产品改进，技术变革、创新，都像生物系统一样，须经历产生、生长、成熟、衰老、灭亡这些阶段，是有规律可循的。人们如果掌握了这些规律，就能能动地进行产品设计并预测产品的未来发展趋势。阿奇舒勒的TRIZ理论，为人们创造性地发现问题和解决问题提供了系统的理论指引和方法。

健康创新，给创新更好的土壤

很多创新刚开始时只是一个想法，谁也不知道是否会成功，但是如果你担心失败，不去尝试，那就不会有创新了。错了没有关系，失败也没有关系，给予鼓励和支持，才能带动创新。如果大家都循规蹈矩，都怕出错，都怕失败，都怕被上级骂，这种状况慢慢也会变成一种文化，那还谈何创新？

——拓邦董事长　武永强

1. 鼓励创新，鼓励新生事物健康成长

在谈到创新时，证券部总监文朝晖讲道："创新本身就是高风险高回报的事情，风险与机会并存，我们不能因厌恶风险而放弃机会，也不能眼红机会就忘记风险。就比如我喜欢运动，我认为运动有利于长期健康，而且是可持续的，我不会因为害怕运动会受伤的风险就不去运动。拓邦要不要创新？拓邦一定要创新，要鼓励创新，鼓励新生事物成长，我们要做的就是在新生事物成长的过程中做好关键节点的把控，做好风险的识别。"之所以有这样的感悟，是因为她那时因打羽毛球受伤而休养，她表示虽然这次打球受伤了，但伤好后还会继续打球，而且会更加注意安全防护，做好热身运动，不会再做超出自己极限的危险动作和太激烈的运动。

文朝晖还说道："虽然公司对风险把控一直很看重，但对于创新，我们不要用风险这个词语。因为从主观感受来看，说怕风险会让人感觉不积极，公司跟员工经常讲风险，员工就会缺少创新激情。我们要用'健康发展'这个词语，鼓励稳健的、有韧性的、长期可持续的发展。"

培养创新的过程就如同带小孩学走路的过程，刚开始走路的时候他们可能会摔跤，但我们还是鼓励他们继续走，甚至在关键时刻帮扶他们一把。当然，我们不能任由小孩在危险的马路上学走路，也不能让他们还未学会走就开始跑，而要帮助他们识别路上的障碍，引导他们健康地学会走路。

2. 保持善意，认真思考，倾听反对者的声音

在创新过程中，因为每个人对事物认知的不同、接收信息的不同、看待问题角度的不同，自然观点也会不一样。在创新过程中出现的不一样的声音，很多时候并不是反对你或者反对这件事，而是对不确定性的一种担忧或者是对未知事物的一种恐惧。

只要不是恶意中伤、人身攻击，我们都需要去认真思考：他为什么会提出这个问题，他在担心什么，他在顾虑什么。倾听别人的建议，会让创新的人更加深入思考。往往反对的声音会让我们思考得更全面，从而降低创新的风险。兼听则明，偏信则暗。团队里需要有人向前冲，也需要有人及时预警踩刹车，当我们基于这些风险点做好了风险预案，减少风险的不确定性时，反对的声音就会慢慢变少。

当然，我们不能因为有反对声音就不创新了，所有的判断标准都需要以事实为依据，大家开诚布公，将信息同步，如果经过评估后我们还是决定要做这个项目或采取这个方案，那么大家就应该统一行动共同完成，声音可以不同，但行动要统一。

3. 正确看待创新失败，提升创新的成功概率

当你选择创新后，就意味着你选择了一条成功率不确定的路。成功是偶然，失败是常态，所以我们要正确地看待创新失败。

拓邦的研发费用占比在行业内是很高的。曾经有人问武总，公司这么高的投入到底产生了什么效果，如何去评估研发的投入产出。武总回答道："即使我们现在投入产出比不是很高，但我们还是要坚持投入，首先不能让大家在创新过程中畏手畏脚，这样会抹杀大家创新的积极性。当然我们也要承认我们还有很大的改进空间，虽然我们研发投入挺大，但这些还没有很明显地反映到我们的利润上、毛利上、竞争力上，这也侧面反映了我们对待创新失败比较宽容。在创新投入上我们要抓好两件事：第一件是放开手脚地去投入，第二件是要管理好投入产出的效率，增加真正有发展潜力的投入，减少无效的投入。"

我们允许失败，但不意味着我们纵容失败。首先，我们要做好充足的预案，以避免失败或降低失败的概率。比如，采用 IPD 流程加强对项目的研发管理，根据组织要求做好每一个关键节点的评审，分阶段地设置可交付成果及验收标准。其次，对于失败的项目我们要复盘失败原因，如果是严格按照组织流程要求做仍然失败，那么说明问题超出了我们的认知范围，我们就应该积极吸取经验教训，降低下次失败的概率；如果问题在我们的认知范围之内，但由于一些客观原因无法避免问题发生，那么我们就要看看能不能从其他角度去避免问题再次发生；如果是因为主观工作态度不好造成出现问题，则是需要批评甚至惩罚的。最后，在项目立项前期，我们就要设置止损点，及时掉头。

另外，我们允许创新失败，但不能到市场上试错，不能到市场上产生批量问题，这是创新失败的底线。在家里出现问题可以接受，但到了市场上，起码是百倍以上的损失，而且给客户带来了困扰，客户也会对我们失去信心。

4．营造创新氛围，给创新一个“家”

如果在公司，每个人都战战兢兢，固步自封，是不可能有创新的。没有创新的土壤、没有创新的文化环境，是结不出创新果实的。要防止权威、官僚对创新的影响。比如，我有个创新的想法，刚提出来，管理者马上说不行，这样就严重打击了我创新的积极性。创新本来就是在很多不确定的情况下看到的一点曙光、一点希望，所以要防止权威、领导对创新的阻碍。公司管理层要创造一个好的环境，让大家能迸发出创新的火花。

如何营造创新的氛围呢？下面我们来看看大家有哪些高招。

原来我看过一篇文章，讲的是有一个人为什么会选择留在美国。他说美国非常有创新的氛围，很适合安安静静地做研究，可以不受那么多外界眼光的影响，也没有人用挣多少钱衡量一个人的价值，他特别喜欢那种研究的氛围，让他可以研究感兴趣的事情。对于创新氛围打造，我觉得首先要创造多鼓励少批评的环境，其次要给予相匹配的激励政策。

——拓邦人力资源总监 戴惠娟

在公司，我们要有创新的土壤，给创新一个“家”。作为管理者，在创新活动中应该扮演设计师的角色。因为企业的“创新”，应该在“创意”基础上具备“价值”，而管理者应让“创新”真正地成为“创意+价值”。他应该让下面的员工成为一支多元化的团队，催生新的创意，然后通过整体高质量的工作创造出实实在在的价值。最关键的是，他要牢牢把握收益最大化原则，将团队成员的一切努力引向最终的好结果。

——拓邦集成供应链中心关务部经理 钱兰枝

我们需要激发大家的创新热情，让工程师们主动去创新。在激励方面，不仅仅是物质激励，还需要精神激励或者是给其创造很好的创新条件。比如，成立一个专门的活动室或者专门给他们配置创新工具。很多工程师将创新作为一种乐趣，他们不一定看重钱的多少。当然，每当他们作出成绩或有很好的创新点子时，我们会让他们在内部进行分享，以获得自我实现的满足感。我们也会及时激励。

——电控 BG 研发副总监 宋家普

作为团队领导，一要以身作则，多提升自己。二要多鼓励团队成员创新。日常沟通中多用“yes，and”的沟通方式，少用“no，because”和“yes，but”的沟通模式。三是一旦团队成员取得成绩，要及时给予适合他，或者适合团队的激励。比如，有的时候我会给他发个奖状，有的时候送个小礼物，或者是包个小红包，让他知道我看见了他做的努力和他的成绩。我感觉这对于研发端的激励作用还是蛮大的。

——拓邦 N5 BU 总经理　陆朝霞

知识产权为创新保驾护航

知识产权是创新里面的一个必备的东西，没有知识产权保障的话，你创新出来的东西没有保护，那我们中国的发展就会受到影响。我们中国从 1980 年后才开始重视知识产权，1980 年以前我们中国人不清楚知识产权的问题，做一点贡献都认为是奉献精神，没有想到知识是财富。知识是特有的东西，只有重视知识产权，我们的创新才能够成功，而创新又是我们民族实现两个“中国梦”的关键。

——2017 年首届粤港澳大湾区知识产权高峰论坛上中国工程院院士刘人怀分享

知识产权对于企业来说，是资产，是武器，更是对未来的把控，是公司的核心竞争力之一。大多数跨国企业在开拓市场时通常的做法是兵马未动，专利先行，先在目标市场国进行专利布局，利用密密麻麻的专利网圈出一块合法垄断的领域，而在这方面，拓邦有些后知后觉，走了不少弯路。

拓邦自主开发的核心技术产品在行业内获得多项第一，如第一个空调控制器国产化、第一个电磁炉控制器国产化、第一个微波炉控制器国产化，但当时我们缺少知识产权保护意识，直接将源代码交予了客户，后来家电整机厂商把这块的业务收回自己的研发部。在与客户的博弈中，我们失去了主动优势。再加上我们缺乏对商业秘密的保护，一些人带着方案、带着团队另起炉灶，也让我们丢失了很多市场，这也更加坚定了我们要保护知识产权的决心。

2016 年，我们聘请知识产权专业顾问来对拓邦进行全盘调研梳理，制定了适合拓邦发展的专利运行机制，并对技术骨干进行定制化培训，组建部门开展知识产权保护工作，从专利、商标、版权、商业秘密四个方面对我们的知识产权进行保护，将知识产权战略与业务目标结合起来，保护公司的研发、创新成果，打击模仿抄袭，使知识产权成为市场竞争的有利工具。

经过数年的持续推进，我们已经建立了一套完整的专利运行机制，公司全体员工知识产权意识得到提高，知识产权保护的申请数量快速提升。截至 2022 年 12 月底，拓邦申请的专利已达 2945 件。这些专利按通用技术划分，可分为传感器技术、单元电路技术、电芯设计技术、通信技术、电源技术、人机交互技术、IH 技术、电机驱动技术等 18 个技术种类，产品涉及白色家电、厨房电器、卫浴电器、电动工具、生活电器、环境电器、锂电池、电机、物联网等细分领域。

我们能取得这些成果，离不开机制的保障。

（1）成立专利运营决策委员会。知识产权工作离不开公司高层的支持，董事长、各事业部总经理、研究院总监、公共事务总监、专利运营部经理、专利运营顾问组组成专利运营决策委员会，该委员会通过定期会议的方式，讨论公司专利运营战略及规划，并对重要事项进行决策，从上至下统一知识产权保护意识。

（2）成立专利运营团队——专利运营部。公司从各事业部筛选出优秀的专业人才，组成专利运营团队。专利运营团队的成员具备不同领域的技术背景，在拓邦的平均工作年限为 10 年左右，对产品技术了解透彻，能够与研发人员、产品工程师密切配合。

（3）制定完善的专利申请奖励制度。《中华人民共和国专利法》规定企业在获得专利授权时应对作出职务发明创造的人员进行奖励。由于专利授权周期较长，为了更好地促进研发人员积极创新，将创新成果转化为知识产权，我们在专利申请的不同阶段，会依据不同的专利申请类型对专利发明者进行物质奖励和精神奖励。事业部总经理W说："事业部原来的专利其实并不多，去年我鼓励他们多申请专利，申请专利后，突然有一天公司发了一个获奖奖项来，有一个工程师奖金是月薪的一半，这对其他研发人员是有触动的，确确实实你的工作是有回报的，是被大家认可的。"管理人员会与团队成员一起探讨专利申请的方向，以及专利应用的方向等；此外，管理人员还会和团队成员探讨专利保护的有效性，延伸出专利组合的想法。

（4）专业人员的晋升资质中包含了申请专利的要求。专业发展通道的人员在提交晋升申请时，人才发展部会审核该人员是否满足晋升资质。因为对于某些岗位来说，需要满足专利申请数量的要求，晋升申请才能通过。这样，就可以引导相关人员在工作中树立专利保护意识，并且提高个人的专业能力，积极将研发过程中的创新成果申请专利保护。

知识产权保护要坚持以市场为导向，以创新为动力，以品牌经营为核心。在知识产权保护上，我们要注意以下两点：

（1）不要为了申请专利而申请专利，专利的数量并不是越多越好。专利很重要，一方面能展示我们的实力，另一方面能保护我们的创新成果，但专利的申请以及维护的费用是很高的，我们不能为了申请专利而申请专利，我们鼓励申请那些能真正保护我们创新成果的专利。我们应围绕我们的主营方向，在我们的重点产品、重点领域、重点技术上申请更多的专利，保护我们的创新成果，让竞争对手不敢抄袭，让拓邦处于技术优势地位。我们更鼓励申请我们的产品可能会用到或者竞争对手可能会用到的专利，让专利成为真正的无形资产。

（2）平衡专利和商业秘密。对于专利和商业秘密的保护方式，我们必须在认真分析研究的基础上结合法律法规、企业制度、经济效益等多方面因素进行取舍。专利与商业秘密并非绝对互拆，比如，我们在申请专利时，在满足公开、充分的情况下，可以对一个具体技术参数或者关键节点进行保密。过于细致的专利，反而不利于创新保护。

没有创新，企业将失去发展动力。没有知识产权，创新将失去保护机制，很快被复制，失去竞争力。知识产权要为创新保驾护航。

高度重视商业秘密，保护创新成果

拓邦经过 20 多年的发展，已经积累了一定的商业秘密，包括技术信息、经营信息和其他能给企业带来经济利益的商业信息，它是企业知识的沉淀，是公司创新成果转化为经济效益的强有力保障。保护公司商业秘密就是保护公司的创新成果，保护公司的核心竞争力，我们应将保护商业秘密提升到公司战略的高度，加强商业秘密保护，提升全员保密意识，激发创新活力。

随着经济全球化和信息化的迅猛发展，商业秘密的市场竞争核心要素地位越来越受到重视。企业如何长久地保持在市场竞争中的优势，已成为各国共同关注的经济发展中的重要问题。美国 2016 年通过《保护商业秘密法案》、欧盟 2016 年通过《商业秘密保护指令》、德国 2019 年制定《商业秘密保护法》等，说明各国都在加大商业秘密保护力度。在这场商业秘密保护的大浪潮中，中国顺应国际趋势，紧跟市场竞争需求，积极修订完善商业秘密保护的相关法律制度。作为企业，我们更要重视商业秘密的保护，为公司开疆拓土夯实基础。商业秘密保护管理的体系化建设，给公司带来了良好的经济利益，是公司实现战略目标的重要举措之一。

2018 年 7 月 11 日，公司成立了商业秘密保护管理委员会。董事长武永强说：“过去由于我们认识不足、保护不够吃了很多亏。今天委员会和管理科的成立就是为了共同保护好公司在经营中的无形资产，防止竞争对手窃取，提高公司竞争力。”拓邦经过三年多时间不懈的探索，逐步形成了契合公司业务发展的商业秘密管理体系，包括商业秘密保护管理组织、商业秘密保护体系流程、商业秘密保护工作运行机制及商业秘密保护体系文件。

1. 建立自上而下的商业秘密保护管理组织

最高决策机构——商业秘密保护管理委员会；建设监督机构——商业秘密保护管理科；咨询服务机构——商业秘密专家组；实施落地机构——商业秘密管理团队；执行机构——商业秘密执行团队，形成决策、管理、实施一体化的链条。

2. 确立商业秘密保护体系流程

初步建立了商业秘密需求管理、商业秘密规划管理、商业秘密运行管理和评估改进的体系流程，确定了以人员保密、信息保密、环境保密三大内容为主的商业秘密管理体系。

3. 建立商业秘密保护工作运行机制

公司持续对已初步建立的商业秘密管理体系进行全面诊断，识别和梳理与组织架构、业务模式、业务流程不匹配的商业秘密保护工作机制，持续构建和提升正在运转的商业秘密管理体系。

4. 修订、完善商业秘密保护体系文件

公司根据组织战略的需求持续改进商业秘密保护管理体系，建立完善的保密制度，重新起草或修订相关制度规范，划定商业秘密的范围，明确商业秘密的管理责任，确定失密、泄密的处罚措施等。

董事长武永强在接受采访时说，商业秘密保护是一项长期且艰苦卓绝的工作，在逐步推进过程中不仅要真抓实干，也需要不断回头看，审视不足，方可保证我们的方向能够不偏不倚地紧随业务发展的步伐。企业商业秘密保护工作是一个系统工程，需要各级各部门齐抓共管，形成合力，逐步建立和完善商业秘密保护体系。这项工作应该始终贯穿在企业的日常经营中，是公司需要终生修炼的“护体神功”。只有这样，才能够让公司在未来的知识经济大潮中立于不败之地。

延伸阅读 1

从 0 ～ N

（电控 BG　宋工）

要符合市场的需求，也要满足客户生产加工的需求，还要满足终端消费者的需求，满足这三方面需求的产品，才是一个真正的好产品。

从 0 ～ 1，赌上所有勇气、专注和不服输

搅奶器是一个咖啡机的配套设备，控制器在搅奶器当中是一个重中之重的部件，是整个产品的核心。对于这个产品，我们以前是给国外做

OEM 代工的，客户根本不会把 ODM 放到中国来做。客户在提出 PCBA 国产化后，就要求我们和另外两家竞争对手一个半月内做出原型机。

在专业的世界里，只有做到 100% 才是合格

我们当时和另外两家同行同时参与投标，这家客户的产品就是精品，是行业的标杆。转速和温度是客户最关注的两个指标，我们的转速差要控制在 ±50r/min 范围内，实现温差要控制在 ±1℃范围内，实现红外线的双向实时可靠通讯。这个当初对于我们来说是比较难的，是一个从 0 到 1 的创新点，我们曾经跟客户一起买来牛奶做测试，直接买了 8 吨牛奶。

一个半月之后，有一家同行没有做出来，直接出局，剩下我们和另外一家竞争对手，而我们两家做出的产品最终还要被送到德国去做评比。当拆完整机看到 PCBA 的时候，德国的工程师就直接否决了我们竞争对手的方案，说这两个 PCBA 根本没有可比性，因为我们做出来的样品和批量生产出来的产品几乎没有差别，技术细节做得比较完美。

从 1～N，将创新刻入基因

截至 2020 年，我们初步统计了一下，发现我们给客户生产了将近 2000 万套搅奶器控制器。自从我们的控制器推出来之后，客户以前在德国自己原装开发的产品就退市了，因为我们开发的控制器无论是在品质方面，还是在成本可靠性、市场返修率等方面的指标都优于他们原先的产品。在这之后我们也研发了几代新产品，包括 IH 电磁加热的、BLDC 马达控制的，这几款产品也让客户眼前一亮，所以现在的创新又达到了一个新的高度。

不能够只在办公室里等着客户的需求，我们要主动去了解客户的需求，我们始终是生产一代，开发预研一代，做到人有我优，始终保持我们的竞争力。

作为技术人，要沉下心来，不浮躁，肯钻研，时光终不会负你。

延伸阅读2

拓邦重回H客户供应商体系，助力客户闪耀2019 AWE

（电气BG　罗工）

重回H客户供应商体系，看似偶然，实则必然

嵌入式电烤箱、电蒸箱及蒸烤一体机作为一种高效节能、无烟无味的厨电产品，可以实现烘焙、烧烤、清蒸、发酵、解冻等多种功能，在国内得到越来越多用户的认可。同时，它还可以镶嵌到橱柜当中，最大限度地节省厨房空间，提升整体质感，使厨房环境更加美观、整洁。

蒸箱、烤箱产品是新兴的大家电产品，整机产品的利润空间很大，市场潜力巨大。拓邦是国内最早进入蒸箱、烤箱控制器设计和制造的公司，已经有十几年的研发经验，国内蒸箱、烤箱整机厂基本上都跟我们合作。H客户之前的蒸箱、烤箱产品主要以第三方贴牌为主，间接使用我们的蒸箱、烤箱控制器。自去年（2018年）以来，H客户加大在蒸箱、烤箱产品线的投入，成立了专门的团队开发蒸箱、烤箱产品，将贴牌产品全部转为自制，而在控制器供应商选择上，拓邦无疑是他们较好的选择之一。

产品模块化　“AI上·智慧生活”

临近2019 AWE展会，H客户这次规划的蒸箱、烤箱产品线共有十几个型号，涉及的新技术应用有：金属触摸按键、OTA在线升级、PID精准控温、无线温度传感器等。其中需要在当年3月份的AWE展会上展出的产品就有蒸箱、烤箱、蒸烤一体机、咖啡机和消毒柜等七八款产品。

我们在产品设计时充分考虑了产品的模块化和兼容性问题，做到了跨

产品通用和跨供应商通用。例如，一块电源板既可以用在烤箱上，也可以用在蒸箱、蒸烤一体机和咖啡机上；一块流程板硬件通用于一系列的烤箱、蒸箱、蒸烤一体机、消毒柜和咖啡机，只需要搭配不同的软件就是不同的产品；金属触摸按键的通讯接口也可以兼容不同供应商的模组。所有这些都是源于H客户在产品线规划方面要求中端、高端和超高端全面覆盖，而在控制器方面硬件要尽量通用，软件可以通过OTA在线升级选择产品类型，就像搭积木一样方便。

敏捷运营，全力交付

我们是在2018年9月底跟H客户接触的，当时审厂还没有开始，我们先跟H客户沟通产品需求，构思设计方案。由于客户也是在产品规划阶段，并没有详细的技术文档和具体需求，我们就一边讨论一边完善，包括模块的划分和可行性验证。最终我们在11月初通过了H客户审厂，在11月底提供了第一版硬件样品给客户装配结构。12月下旬我们接到客户通知，要准备参加AWE展会的控制器，包括蒸箱、烤箱、蒸烤一体机、咖啡机和消毒柜等七八款产品，这其中涉及与TFT显示板的联调、与U+平台的协议对接、温场的调试等等，所有的功能调试必须要在第二年3月份之前完成，而2月份过年后，基本上只有半个月时间了。在不到两个月的时间里要完成七八款产品的基本功能调试，肖总给予了很大的支持，抽调了两个项目组的硬件工程师谢工和劳工来协助我们，与陆工一起负责硬件设计；软件方面将所有底层驱动交给彭工负责，杨工负责流程板编程，包括与H客户的协议沟通和与底层负载板、TFT显示板的协议联调。

这期间最大的困难是留给杨工软件调试的时间不够，每款产品的流程板程序都不一样，还有温场调试需要根据整机做现场调试，而且需要大量时间测试和修改参数。为此，杨工出差到H客户那里半个多月，直到过年前才赶回公司；过完年没几天又出差到H客户那里调试程序功能，协助解决样机装配问题，在3月11日又随客户从青岛赶到上海，协助客户顺利布展，一直到AWE展会结束都没有一个周末休息过，经常为了赶进度加班到凌晨甚至通宵加班。

H客户这次参展的产品型号很多，而且展示的都是新技术、新应用，在开发过程中遇到的突发状况比较多。由于参展的整机不可能是批量的产品，基本上都是在展会即将开始时才准备好，所以在调试时使用的机器都不是最终样机。整机各配件由不同厂家提供，在调试时并没有功能完整的样品，只是对照文件调试产品功能。我们除了与H客户讨论完善通信协议、与TFT显示板对接调试外，还需要与我们的蓝牙模块、无线温度传感器、金属按键传感器等供应商沟通和调试通讯协议。还有嵌入式咖啡机项目，由于没有合适的机芯厂配合，而H客户坚持厨电系列产品参展一定不能缺少咖啡机，因此留给我们的开发时间不到半个月。由于咖啡机产品线不属于电气BG，在领导们的沟通协调下，最终确定采用我们设计的模块化硬件，由电控BG夏工实现软件功能编程。感谢夏工在十几天的时间里加班加点，顺利帮客户完成了样机功能的调试。

H客户对于样品数量的需求比较多，而且由于做了模块化设计，有时一块PCBA可以用在十几个型号的产品上，打样的时候最少都需要二三十块，而公司的打样流程是限制数量的，超过十块都不能手焊，产线生产需要受控生产资料和排计划，交期算下来至少一个月，而客户给的时间是10天以内；很多时候我们只能找领导特批，然后找各部门相关人员沟通，销售和研发齐心协力搞定物料，借用产线设备，工程师周末上DIP线插件、烧录程序和测试。通过这次与H客户的合作，我们看到了现有打样流程的不合理性。部门已经在推动流程优化。

多品牌成套落地，引领大厨电战略

在这次为H客户设计厨电产品时，我们充分考虑了模块化方案，一块电源板可以适用于所有的中低端烤箱、蒸箱、蒸烤一体机和咖啡机等，一块高端电源板可以适用于所有的高端机型；而烤箱的负载板适用于所有的烤箱，蒸烤一体机的负载板适用于所有蒸箱和蒸烤一体机；C7 系列流程板适用于所有烤箱、蒸箱、蒸烤一体机、咖啡机和消毒柜等，S2 系列流程板也适用于所有烤箱、蒸箱、蒸烤一体机、咖啡机和消毒柜等。后续 H 客户的新产品都可以选择使用其中的某些模块。C7 系列产品上都使用了金属触摸按键，使产品看起来更有质感，提升了产品档次。PID 控温算法能够精准控温，使箱体内温度稳定在设定值 ±2 度以内，实现更好的烹饪效果。蓝牙温度传感器能够在 300℃的环境下工作，将采集的食物内部温度及时传输给控制器和云端，可以结合腔体温度和食物内部温度实现更加多样化的烹饪方式。

随着人工智能与家电产业的深度结合，家电巨头们的比拼已经由单个产品向全屋方案转变。此次展会，H 客户展示了中国厨电品牌的深厚实力，大放异彩。在整合吸油烟机、燃气灶、消毒柜、蒸箱、烤箱、冰箱、咖啡机、洗碗机、厨净宝、酒柜、垃圾处理器 11 大品类厨电后，我们积极探索智慧大成套厨电，不断促进厨电与厨电之间、人与厨电之间、厨电与外部资源之间的联动与沟通，已然在整体厨房解决方案的探索道路上先人一步。而拓邦此次助力 H 客户参展，也体现了拓邦强大的研发实力和服务客户的能力，在今后的合作中，拓邦将一如既往地为客户提供优质的解决方案，为客户创造价值，使人人受益。

延伸阅读3

当为东风
——厨纪炒菜机器人团队挑战不可能

（电控BG　高工）

炒菜机项目刚启动的时候，我们找到了当时在产品经营方面非常有名的专家老师来给我们作指导，但是他不看好这个业务，理由很简单，因为他帮助过国内很多大型的厨电企业做过炒菜机项目，但是这些公司都没成功，拓邦凭什么能成功！

我们调研发现，事实正如老师所说的一样，在行业发展的20多年中，几乎没有一家企业是成功的，可以说是市场都没有被打开。这个项目能不能成功，我们自己心里一开始也没有底。我们通过大量的调研走访了解到，其实很多餐饮企业都有一个很强烈的需求，那就是希望摆脱对厨师的强依赖。正是基于这样一个行业痛点，让我们决定一定要把炒菜机器人做出来。

这个行业没有一个成功的先例，所以我们是没有对象去模仿的，有些坑该踩的我们还得踩，包括一些产品的核心模块，比如，搅拌模块，当时技术难度是非常高的，但我们还是把这个困难克服掉了。

这个过程虽然很曲折，但是我们坚持下来了，因为我们相信市场需求是真实存在的，我们一定要做出一款好的产品来，让市场去检验，让用户去反馈，这就是我们最初的想法。

在2021年10月27日的CCH2021第十届国际连锁加盟展览会上，尽管受疫情影响，但来到我们展厅的客户数量非常多，超过了200多家，已经远远超出了我们的预期。这些客户异口同声地说我们的产品是非常符合市场需求的，是贴近场景落地的。

这至少证明了两件事情：第一件是炒菜机器人的市场需求和行业痛点是真实存在的；第二件就是我们产品的定义和方向是没有错的。这让我们信心倍增。

炒菜机器人一定是一个非常巨大的蓝海市场，万亿级的市场等着我们去开拓，我们坚信厨纪智能炒菜机器人一定会成为一股东风。

第五章　精敏运营

公司大力推行精敏运营战略，大力打造敏捷研发、敏捷交付、智能制造、全成本改善相结合的核心平台，持续构建和增强研发、供应链、制造和质量等体系能力，围绕“敏捷+精益”相结合的方式，实现精敏式的卓越运营。

供应链——企业的核心竞争力

英国著名的供应链管理专家马丁·克里斯多夫非常直白地说：“市场上只有供应链而没有企业，21 世纪的竞争不是企业和企业之间的竞争，而是供应链和供应链之间的竞争。”因此，供应链是企业的核心竞争力。供应链的管理能力，已经成为评价企业发展能力的重要指标。

供应链六大核心管理模块包括：产品开发管理 、计划与需求管理、采购与供应管理、生产与运营管理 、仓储与物流管理、市场与客户管理。

拓邦在突破 10 亿元营收大关后，迎来了快速发展阶段。2015 年，拓邦外请咨询公司做了未来 10 年的战略规划，确定了 2025 年的营收战略目标。很快，在 2017 年，公司营收已有 26 亿多元，而当时公司的组织架构是“职能平台+事业部”制，每个事业部都有独立的供应链，业务运作方式是接到客户订单→开工单→将工单中所有物料同一时间下订单给各供应商→追齐套料后安排生产。我们内部将这种工作模式称为“齐套料”模式。公司营收每年超过30%的快速增长，使得供应链应接不暇，有些事业部开始喊这种模式估计坚持不了几年就支撑不了公司的发展。供应链在企业运营中占据核心地位，公司发展需要，外部竞争需要，必须提升它的能力。于是，我们邀请了供应链咨询公司的专家来公司调研、诊断，引入了ISC体系，开启了轰轰烈烈的供应链变革之路。

2017年拓邦的供应链被咨询公司诊断为“响应型供应链”，在咨询公司的辅导下，我们构建了自己的供应链战略屋，明确了供应链变革的目标：以客户需求为中心，建设端到端的精敏供应链体系。并明确了供应链的使命：提升客户服务能力与竞争力，实现价值协同。我们规划了拓邦未来供应链变革的路径：响应型供应链→预见型供应链→整合型供应链→需求驱动价值供应链→智慧网络供应链。

2018—2019年，我们分别在战略采购、客户服务与协同、供应链计划这三个方面按平台化、差异化、专业化的原则，重构了供应链流程、组织、人才、表单及工具，并实现了变革落地（当时微电BG先行先试，电控BG、电气BG紧随其后）。

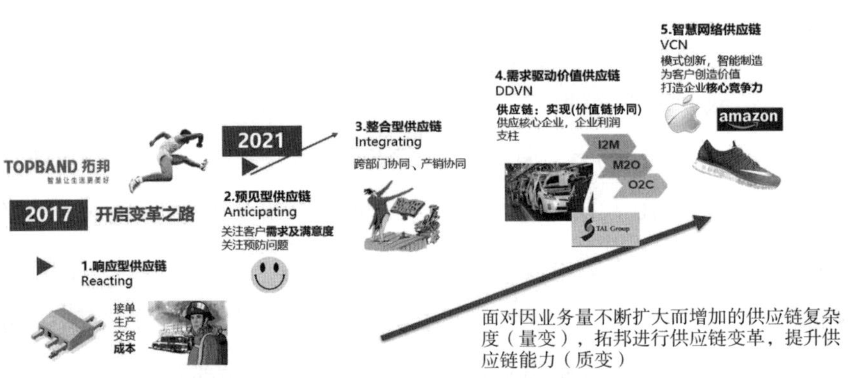

图5－1　拓邦的供应链变革路径

2020 年，为了加速供应链的协同和决策时效，使之更加敏捷，我们通过变革，推动 48H 协同专项，以及与战略客户、战略供应商的 EDI 协同专项（电子数据交换）落地，实现了与战略客户和核心供应商的亲密性和粘性目标。这时，我们的供应链已经由“响应型供应链”成功转变成了“预见型供应链”。

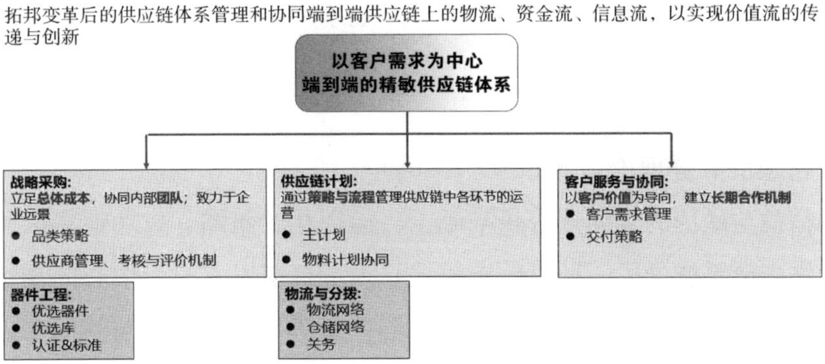

图 5－2　拓邦变革后的端到端精敏供应链体系

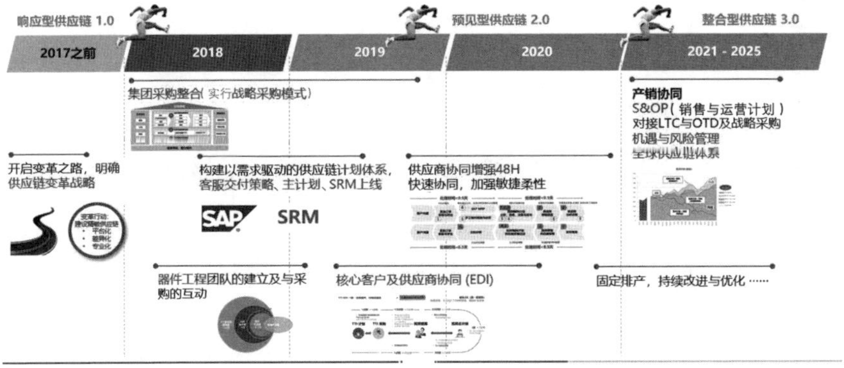

图 5－3　拓邦供应链变革大事记

2021 年，我们开始了整合型供应链的首个专项，在微电 BG 推动 S&OP 流程落地。随着公司全球化战略的部署，供应链必须具有服务全球业务的能力，我们将在未来几年建设全球供应链体系。我们的供应链将持续变革和蜕变，在保持原有竞争力的基础上，创造出新的独特的竞争力，成为公司高速发展的发动机。

打造以客户为中心的端到端精敏供应链体系

精敏供应链理论是 Martin Christopher 和 Denis R. Towil 提出的，是指在精益与敏捷的异同点分析基础上，运用相关策略，成功地集成并运行于供应链系统中的一种供应链模式。为了打造以客户为中心的端到端精敏供应链体系，我们在战略采购、器件工程、客户服务与协同、供应链计划、全球数字化供应链等方面形成了一整套的系统并分步推行。

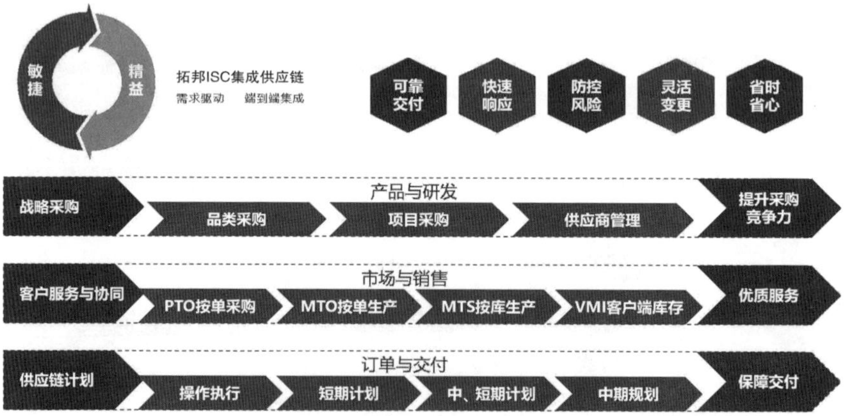

图 5－4　拓邦 ISC 集成供应链系统

1. 战略采购 & 器件工程篇

2018 年前，每个事业部都有独立的市场、销售、研发、制造、品质、供应链部门。当时公司没有统一的流程、方法和组织来实行管理，造成料号多（一料多号、同一物料不同的供应商有不同的料号等。当时 SAP 中一共有 23 万个料号，正常使用的是 5 万多个，平均每个工作日新增 90 个料号）、ECN 多、供应商多（各事业部都在开发供应商，各自管理和评价供应商）。虽然整个公司一年的采购额不少，但由于缺乏统一的管理，工作效率低；供应商多，订单分散，供应商也不重视我们。

我们很快认识到问题的严重性和紧迫性，率先进行了战略采购变革，新成立了集团供应链和器件工程部门，将原来由各事业部负责的物料品类逐步收归集团供应链，以战略采购 8 步法为基础，由集团供应链主导这些品类物料供应市场的前瞻性分析，制定品类策略，开发和管理供应商，以 TCO 最优为原则，对供应商进行分级分类管理，以达到聚量增效降本并培育战略供应商资源的战略目标。

器件工程负责器件标准化制定及审核、料号申请把关，协同战略采购制定器件优选库并更新，各事业部的研发人员从优选库里选器件，从而提高器件的使用率。在战略采购变革过程中，我们通过流程、组织、IT 工具的重大调整，由集成供应链作为后台向 BG 中台供应链输送资源，BG 供应链项目采购作为战略采购协同成本和交付的窗口，向前台 BU 提供作战支持。

经过一段时间的运行后，我们发现，仅通过项目采购这一个通道协同，需求信息传递时效长，信息可能失真，战略采购不了解 BU 需求。在 2021 年，继核心客户服务团队铁三角成功实施以后，为打造精敏供应链体系，公司组建品类铁三角“+”的供应链专家团队。该铁三角中包含集团品类采购 + BG 采购、集团品质 + BG 品质、集团器件工程和集团交付管理。通过构建品类采购贴近 BU 服务，形成了“双铁三角协同机制”，针对不同的市场和客户，制定前瞻性、差异化的 PCL 和 PSL。只有对供需两个市场看得清、看得远，提前储备好资源，等机会来临时，我们才能更好地为前台 BU 提供业务支持，获得客户订单，打到粮食。

到 2021 年末，集团供应链已收回约 60% 采购额的品类，在保持 TCO 最优的前提下，我们对部分事业部专用的物料实行差异化管理（这些物料不收归集团供应链，仍由事业部管理）。我们致力于研发平台化，在器件优选库的推动下，使器件公用率上升，达到聚量增效降本的目的，持续提升供应链核心竞争力。

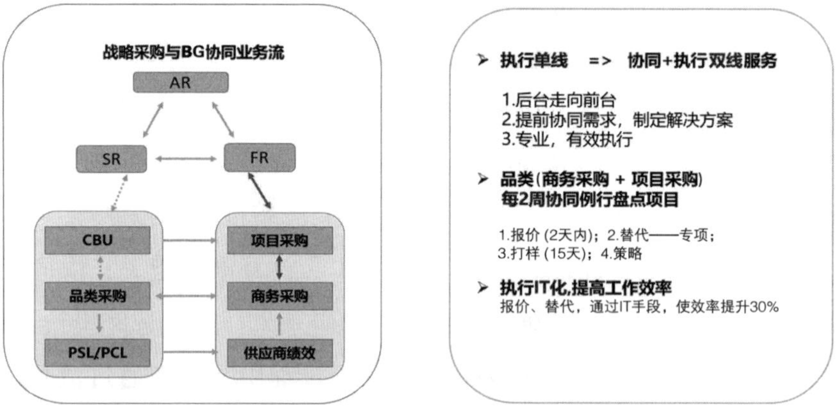

图 5－5 战略拉通与 BU 协同业务流构建

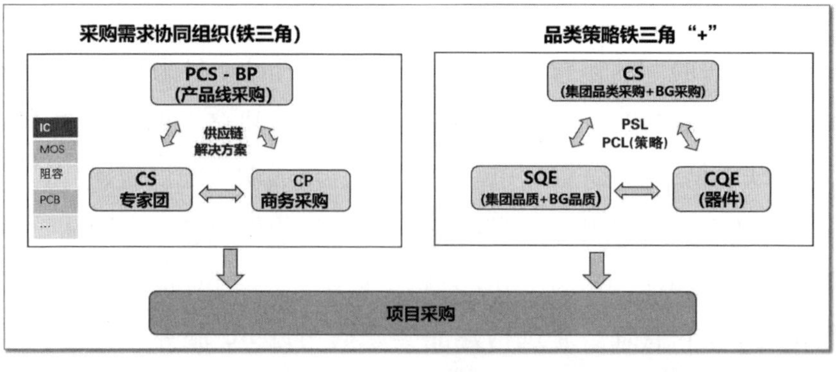

图 5－6 战略拉通与 BU 协同组织构建双铁三角组织

2. 客户服务与协同篇

2018年前，客户协同交付的岗位被称为“销售助理岗位”，销售助理将销售部门从客户处拿回的需求（项目、订单）传达到内部各部门（研发、供应链等部门），然后将内部的回复整理后传递给客户，说白了，销售助理就是跟单文员。客户要求什么，我们就做什么，完全是被动响应，我们从来没有去思考过客户的交付需求为什么是这样，客户的真实需求是什么，客户供应链的运作流程是什么这些问题。当时我们一些大客户的供应链已是预见型供应链或整合型供应链了，我们再不改变就很难服务好客户，我们的“小米加步枪”是打不了胜仗的。因此，我们重新梳理了客户服务与协同流程及组织职能，将销售助理转变成“客服”，由被动变主动，走向客户（而不是天天呆在公司，不去客户处了解情况），读懂客户供应链体系流程，分析和管理客户需求（订单、预测）的变动及背后原因，针对不同客户制定差异化交付策略PTO、MTO、MTS、VMI，为客户制定差异化的交付解决方案，并与客户达成供应链交付协议，明确双方的交付责任、供应链绩效等，并定期回顾和优化调整。

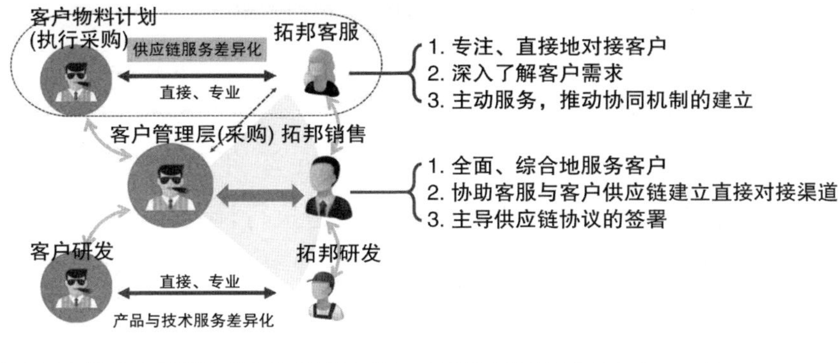

图5－7　从销售助理到客户服务的职能转变

我们在流程上重新制定了客服与内部供应链的协同机制，每个周一客服更新客户需求，通过 IT 工具写入 SAP，并与主计划召开需求协同会议，分析需求变化情况，快速协同供需，加速决策。

客服职位有了新的职责、定位和流程、工具后，对职位的能力要求提高了，公司针对此职位成立了专训班来提升客服人员的认知和综合能力。经过一年的培养和运营后，客服团队基本上都能胜任新的职位要求，并有了骨干团队。在拓邦内部，客服就是客户的交付管理专家。在公司流程变革中，客服作为 FR，与 AR、SR 形成铁三角，作为前台作战单位，他们是交付流程一条龙的经理，这充分体现了他们在交付领域的重要性。

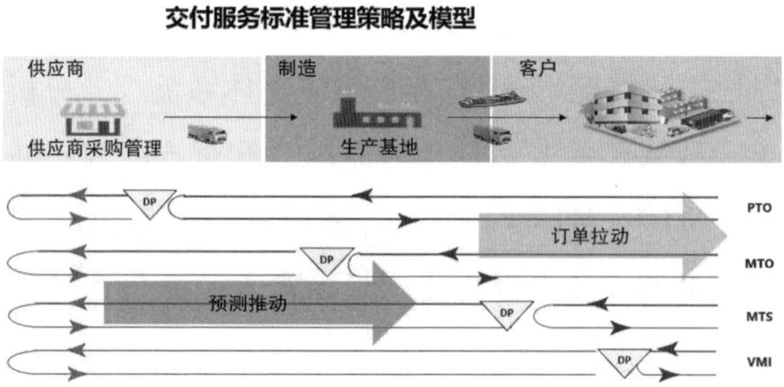

图 5-8 客户服务与协同交付策略

3. 供应链计划篇

前面提到拓邦的供应链在 2017 年前的近 20 年时间里都是“齐套料”响应型供应链，当年我们做得更多的是执行计划，客户的订单全部转化成工单，天天追齐套料，哪个工单追齐生产哪个，需求一变化，执行计划就跟着变化，执行计划三天都锁定不了，整个供应链计划变来变去，疲惫不堪。制造端也提出各种异议，人效比较低。变革中我们重新定义了供应链计划：通过策略和流程管理供应链各环节的营运，包括主计划、物料计划与协同、执行计划、物流关务与分拨；重新梳理了供应链计划的框架，明白了供应链计划是分层次的，而我们原来做的都是执行层面的事（具体到每天），没有中长期策略层的规划，更别说承接战略层了。有了这个框架我们才知道供应链计划需要上下对齐，左右拉通。

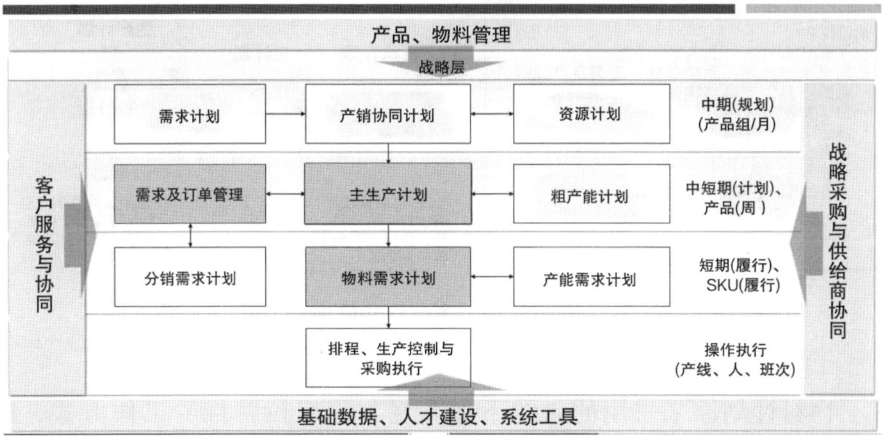

图5－9　供应链计划体系

经过两年时间的变革，到2019年底，微电BG、电控BG搭建起了以需求为驱动的供应链计划体系，新增了主计划职位，制定了供应链计划的一系列流程和IT化工具，实现了以主计划作为供应链计划流程主导者的目标。主计划一般管理6个月的需求，以周作为管理单位，锁定前12周作为主计划详细管理周期，12周后的时间周期只关注产能或瓶颈物料的管理；主计划每月滚动做未来6个月的产能规划，每周主计划与客服、物料计划两次快速协同，做出粗产能规划，以主计划、物料LT驱动物料需求；同时主计划分析客户产品需求，并制定一系列库存策略、计划策略、引导执行计划（天层面）。通过客服、主计划、物料计划、执行计划的流程拉通，我们的执行计划把锁定计划的时间拉长，比如，微电BG

能锁定 7 天（国内客户）和 14 天（国际客户）。在供应链计划这块找到管理抓手后，我们的工作质量和时效越来越好。

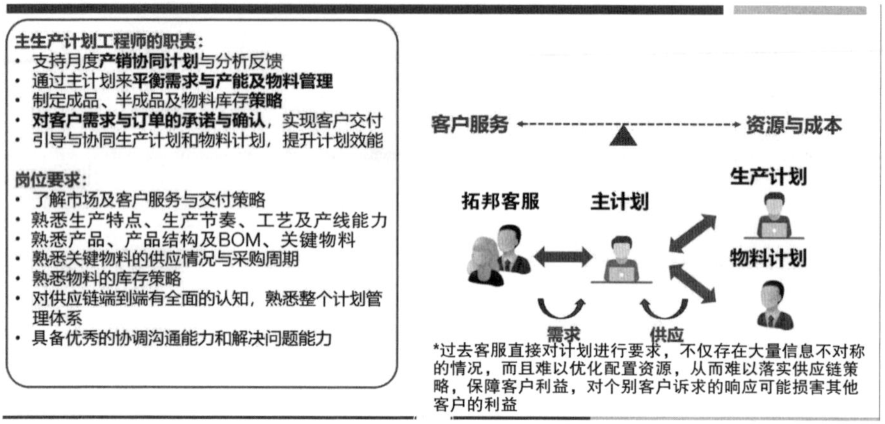

图 5－10　主计划的职责

物料计划原来采用的是线下追齐套料、肩拉背扛的工作方式，通过流程和工具的数字化变革，我们重新定义了订单模式：PO 模式、SA 模式、VMI 模式。针对不同的品类物料或供应商，我们制定差异化的订单模式，同时实现了拓邦的目标：由 SAP 系统实时到 SRM 系统。供应商在 SRM 系统回复交期和打单交货并自动联动回写到 SAP。这些数字化工具的使用，有效地帮助了物料计划、主计划、执行计划在同一界面共享数据，达到了快速协同和决策的效果。

这些年，数字化供应链在行业内被提得非常多，供应链的数据资产及应用多且烦琐，供应链业务的复杂性，使得它与信息系统强相关。比如，现在很少有企业靠手工计算 MRP，或手工制作采购订单了（当然小公司还是有的）。为了加速端到端协同和决策，我们将客户需求响应时效由原来的 5～7 天（客户不满意）改为 48 小时，即通过专项改善，应用流程及数字化工具，每 48 小时对“客户需求→拓邦→供应商

→拓邦→客户”这个流程做一次决策，从而提升了客户需求响应能力，即 RLT：48 小时。

针对战略客户或战略供应商，我们应用信息技术实现了 EDI，即将客户的需求，我们的库存、工单等供应能力，供需 GAP 等，通过信息技术互写入对方 ERP 系统，不需要人工转化，即可实时交互数据，供应商就像看自己工厂的数据一样，可实时看到我们的供应能力。数据的实时有效应用，加速了供应链的协同和决策，从而实现了双方的价值协同和关系亲密。未来我们还会持续与客户和供应商进行更深层次的协同。

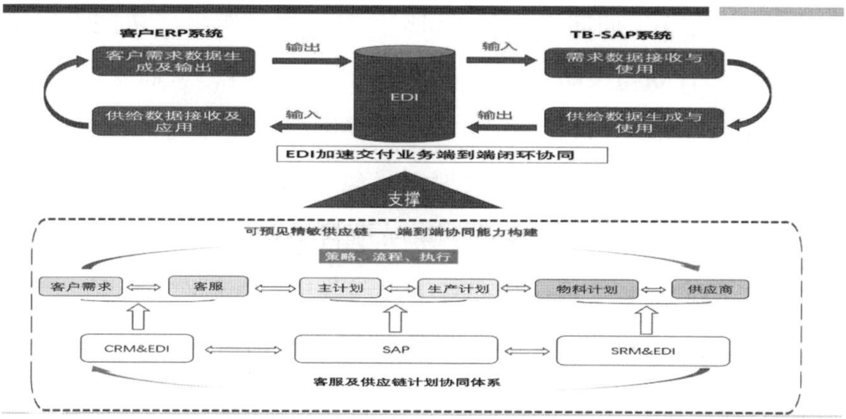

图 5－11　EDI 实施框架示意图

变革到这里，我们的供应链已由响应型供应链完美蜕变成预见型供应链。

前面都是我们针对客户量产产品的订单或预测来做的一系列供应链计划或策略，但实际业务中供应链如何承接公司战略（SP、BP）？比如，公司的经营业绩从哪里来？哪些客户需要挖掘？哪些订单需要增加？哪些产品需要改善？哪些技术需要突破？在线索或项目需求阶段，我们在供应链管理上是脱节、没拉通的，这使得我们在面对供需两个市场的风险与机遇时，准备不足，都是等到问题产生后才发现关键资源没有准备好，造成损失较大。

比如，2020年微电BG在做一个电池包的项目，其中需要用到电芯，当时大家都意识到需要“电芯”这个特殊物料，但是没有流程和组织将此需求传达到供应链战略采购环节，中间“断片”了。到2021年时，这个项目有很多订单需求，而我们没有提前储备电芯资源，造成电芯供应短缺严重，最后失去了1亿～2亿元的订单。这个教训是深刻的！我们深刻认识到供应链需要整合了！

为此，我们开启了整合型供应链的第一个专项：S&OP流程。S&OP流程的定义：面向未来12～18个月，通过跨部门协同形成前瞻性的、统一的计划与策略，并对资源进行优化配置，从而服务于客户，服务于企业经营战略与目标的达成，促进供应链竞争力的提升。S&OP流程将客户需求全要素纳入中长期需求管理（包括线索、项目、量产预测、量产风险预测），CBU铁三角+项目采购、物料计划、主计划、战略采购、制造等多个部门核心骨干参与其中。我们对S&OP流程5步骤（需求计划、关键资源辨识、供应计划、协调会议、决策会议）分别制定了流程、规则及数字化模型工具，并在微电BG先行试点。通过流程和数字化拉通中长期供需，严格执行S&OP流程的5步骤流程日历，实现多部门协同，快速识别供需两端的风险和机遇（低线、中线、高线需求和供应），提前制定策略并决策，使我们提前储备瓶颈资源（比如，研发、产能、物料、供应商等），当需求来临时，因为关键资源已准备好，为我们赢得了先机，在助力客户成功的同时，也实现自己的目标。

战略决定成败，目前集团正在往整合型供应链迈进！整合型供应链在微电BG的试行工作已经成功落地，接下来会在其他BG进行推广。在供应链整合中，未来我们将面临诸多挑战，但我们会坚定前行。

通过供应链变革，我们在供应链计划、品类采购、项目采购等几大核心岗位上培养了大量核心人才，这为公司日后的继续变革，不断打造竞争力奠定了基础。同时，也让我们培养出了一种变革的基因：不惧变革，拥抱变革！只要变革，我们就敢拧成一股绳，铆足劲往前走，共同努力，达到目标！

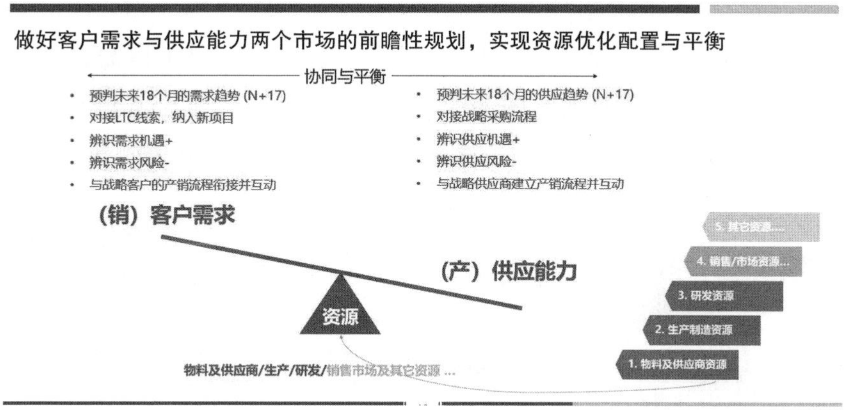

图5－12 产销平衡、资产优化配置图

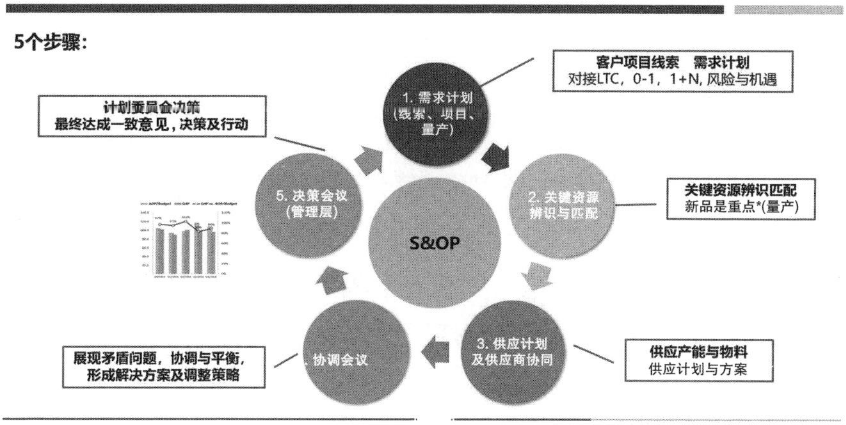

图5－13 产销协同流程图

4. 全球数字化供应链篇

随着外部环境不确定性的增大，比如，中美贸易冲突、供应链去中国化等，很多客户都要求就近服务。从公司供应链安全等方面考虑，公司全球化布局已覆盖亚太地区、欧洲、美洲。我们在中国区已有深圳、惠州、宁波、南通等制造基地，在海外有越南、印度、罗马尼亚、墨西哥等制造基地，未来几年，我们规划以中国为主计划中心，供应链运营于全球各制造基地。全球供应链体系包括：以中国总部为中心的全球主计划一盘棋运作、全球供应（总部优势平台 + 本地化敏捷响应）、全球 SAP 系统复制联动、全球物流关务、全球采购认证。

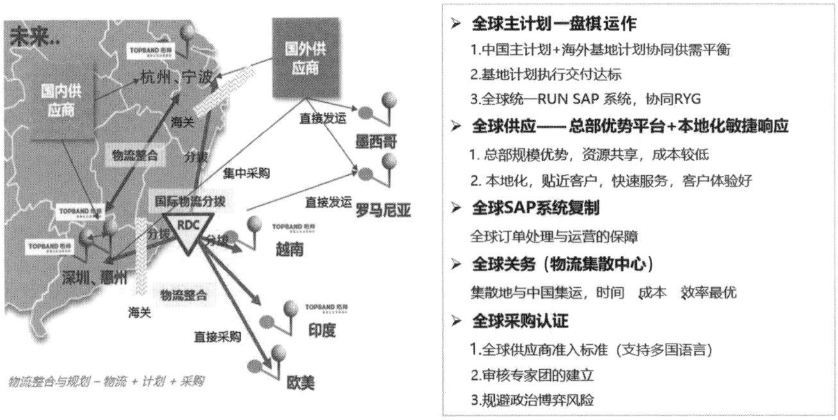

图 5－14 全球供应链——GSC 策略图

全球数字化供应链，公司这两年一直都在做。

首先是国产替代。自从美国打压华为以来，大家都感觉到不安全，所以现在国产器件被大量采用，我们也一样开始采用国货。

我们有自主研发的产品，也有客户研发的产品，有一些客户要求必须使用国外品牌的器件，这种情况下，我们必须满足客户的要求。而对于能够自主掌控的产品，我们都会大力推进国产替代。比如，对于一些新项目，我们会优先采购国内的产品；对于老项目，我们也会做好充分的验证，凸显产品优势、成本优势、交付速度优势，然后推向客户。我们希望公司的供应链能够自主、可控，不能国外一动荡，国内就束手无策。为此，公司已经确立了国产替代的专案，通过国产替代仪表盘，清晰地看到我们有多少项目正在走，每个项目已走到什么程度。在国产替代这块我们要加快步伐，每年降低进口器件的占比，这是一项长期的战略。

其次是供应商资源的全球化。对于一些定制件，比如，塑胶、包材这种体积大、占空间大的物料，我们会找当地的一些供应商购买，以节省成本。其他电子料现在基本上都是全球采购了。比如，对于设在越南的工厂，我们可能在东南亚设置中转点，或者是集中采购以后再分发过去，更多的是想利用一些本地的资源。

最后是全球化的团队。比如，我们要把现有的客服、计划，包括整个供应链的管理体系复制到海外工厂去。未来，企业的经营会面临较多的不确定性，加上国际政治因素、地域因素的影响，海外工厂的运行具有战略性意义。比如，如果将来美国要打压中国，我们就可以将产能转移到越南、罗马尼亚等工厂，这就要求公司要把供应体系复制到海外工厂，同时挖掘本地供应商资源，培育战略伙伴。

现在摆在我们面前的一个问题是：我们很多物料都是集中到深圳，然后再从深圳发往越南、印度，未来还将发往墨西哥、罗马尼亚，这就涉及关税、物流等。所以我们就得思考这些问题：是不是所有的物料都有必要先集中到深圳再发出去，是不是可以在某一个地方设立一个集散中心，比如，设在新加坡能不能零关税，这样既可以辐射到欧美，又可以辐射到东亚，成本是不是更低，等等。

所以我们就得思考如何建立全球的物流与关务中心，把物料以最低的成本、最快的效率发给各个制造基地进行生产加工，服务我们的客户。这涉及产品流、物流、信息流，是一个庞大的体系，也是拓邦全球性供应链运营从 0 ～1 的搭建，是一个很大的课题。

以上种种，虽然带给我们很大的挑战，却是我们一定要突破的，因为拓邦已经不是一个小公司，当我们做到 100 亿元、200 亿元营业额的时候，已经是一个中型偏向于大型的公司了，我们不能再靠肩扛手拉了，必须要有一个实用的数字化供应链。所以 ISC 变革达成产销协同之后，未来的 2 ～3 年，我们有两大工作重点：第一，建立全球的物流与关务中心；第二，建设数字化供应链。全球化、数字化将会是未来 3 ～5 年供应链变革的重要主题。秉承以客户需求为中心，建设端到端全球精敏数字化供应链的使命，我们将一直在供应链变革的道路上精进前行！

三降一优，跨越成本大山

拓邦作为一家电子制造业企业，在可以预见的一段时间里，降低成本是个永恒的话题。当我们的价值创造能力、创新能力达不到高水准要求的时候，成本将是永远规避不了的话题。为此，拓邦提出要构建全成本竞争优势。所谓全成本，就是实现全流程的成本最优。

1. 什么是三降一优

三降一优：产品平台设计端降本、采购端降本、制造端降本，实现成本优势。

通过产品平台设计改进可以降本。举个例子，线材有不同的长度、不同的端子，比如，长度有 7 毫米长的、8 毫米长的，如果把它平台化，做成一个定制件，比如，统一做成 9 毫米长的，就能通用，这样编号就集中了，进而降低内部的管理成本。另外，在供应商端的编号集中以后，我们单一产品的量也更加集中了，从一定意义上来说，设计降本其实包含在供应链里面。如果没有设计能力，国产替代是做不了的；如果没有标准化，订单比较分散，也难以形成成本优势。

采购端的降本和研发端的降本有重叠的部分，比如，器件替代，以及和供应商的价格谈判等。如果采购端有两家以上供应商参加竞争，那么我们通过谈判、议价、竞价，就可以获得一些成本上的优势，但更多的还是来自于里面的成本分析，比如，定制件可以做一些成本分析，标准件可以做一些比价等等。

制造端的降本主要面临两个难题：一个是由于我们的订单模式是小批量多品种，量多而零散，不利于降本。另一方面，我们把制造成本分为直接人工成本、固定制造费用。对于直接人工成本来讲，制造端要提高生产效率，假如去年一个小时做 200 件，今年要做到 260 件，甚至 300 件，而人数不变；要么就是依然做 200 件，但人数优化，提升效率。另外一个固定成本，即如何充分利用现有设备，提高设备的加工率。这些看似简单，但依然面临挑战，比如，产品准备好了，结果因为物料影响订单，导致产能不饱和，原本要做 3 亿元，结果只做了 2 亿元，固定分摊成本就上去了；再比如，人员优化好了，结果订单加急要使用临时工，人工费用涨上去了，优化的成本又给抵消掉了。

尽管有难度，我们也一直在推动制造降本，如推进标准化、制造自动化。很多物料以前我们是靠手工插件，现在通过自动化运行来插件，用自动化的设备去代替员工，同时，让供应商对物料进行规整，这样拉通以后，成本降低了一些。

2. 聚量降本

降低成本是企业永恒的话题，客户永远希望供应商价格低、质量好、技术强，这是客户永远的追求。如果我们的成本相较于友商不具备优势，我们就将丢失很多市场。

我们公司的成本优势跟一些优秀的同行相比还有一些不足，就供应链这一块来讲，其实有很多工作可以做，比如，供应商资源储备要大于我们下单的供应商的数量，不能下单是哪几家，池子里也是哪几家。对一些核心供应商，我们可以参股；对一些不适合参股的，我们也可以建立供应商战略合作关系，通过集中化获得一批重要的供应商，从而获得与拓邦规模相适应的行业价格优势。

供应商是我们的合作伙伴，他们也是要挣钱的。挣钱的问题是一个合理、平衡的问题。我们有的物料供应商很多，比较松散，这对于公司来说成本优势不大，对于供应商来说也没有规模效益。比如，对于电容或者是某些进口品类的物料，我们应该通过整个集团的采购量去获得供应商的支持。我们也有自己能把控的物料，比如，PCB、五金塑胶、变压器、线材、显示器件采购量那么大，我们完全可以和供应商彼此共生共荣，结成良好的合作伙伴关系。比如，我们可以通过帮助供应商降低成本，或者集中采购，以获取供应优势。

集采是可以降本的，但是也有部门反馈对交期有影响，这个矛盾应该怎么来看待呢？集采实际上是将优质的供应商资源拿出来让大家共享，但对于一些差异化的需求，我们还是将资源放在了业务单位，不是所有的物料都由集团供应链负责。集团供应链就好像一辆公交车，如果这辆公交车不能直接开到家门口，那么剩下的一段路程就需要我们自己走，因为公交路线是满足大众化需求、为大家节省交通费用而设置的，不是把每一个人都送到家门口的专线。当然，公司在设置“公交路线”的时候，还有很多没做到位的地方，我们的整个供应链系统还不是很完善，我们的报价系统给业务单位的反馈也不是那么及时，这些需要不断改善、优化，从而更好地支持业务单位开拓业务。

质量为本，打好企业发展基石

1. 品质是一个企业的基石和生命线

我们通常所说的产品质量，其实讲的是狭义的品质。广义的品质包含产品的质量、交付的质量、成本与服务的质量以及给客户带去的精神层面的品质追求。

我们对一个产品或品牌的印象、口碑的识别，其实也是源于产品品质的好坏，比如，买手机时我们通常都会首选苹果和华为，因为它们的系统很流畅，拍照效果很好，这就是产品本身的高品质给客户带来的直观感受。久而久之，企业在持续输出高质量产品的同时，也会给消费者带来一些精神层面的价值，如消费者觉得用苹果和华为手机很有面子。对于任何企业和品牌来说，想要永续发展，必须持续不断地输出优质的产品，这样这个品牌就会成为好品质的代名词。

武总说："如果质量不达标的话，企业本身的发展属于不健康的。缺失了品质，公司的发展也是不可持久的。所以质量一定是企业发展的基石，一定要追求质量的提升才行。如果质量问题频繁地出现，发展是有问题的，用户就不会认可我们的产品，客户就不会找我们做生意，没有订单，企业怎么发展?"

质量是企业发展的基石，就像我们盖房子一样，图纸设计得很漂亮，工人也很优秀，房子盖好了，从外形上看不出是否有质量问题，比如，柱子里面有没有钢筋，钢筋的直径多大，这些我们是看不到的。我们看到的只是房子的外形，但是它能够承担多少重量、承受多大的破坏力，或者是能够屹立多久，这些都是需要通过品质来衡量的。所以我们谈目标也好，谈管理、谈发展也好，都要基于一个前提，那就是品质要有保证，如果脱离品质，那么所有的工作都是浮在表面上，最终都会因为品质达不到要求，导致所有的努力付诸东流。

2021 年下半年，拓邦特邀日本的品质专家菅沼清明先生进行了一系列日系品质理念的培训。该系列培训共开展了五次线下讲座，深圳、惠州、杭州、宁波合计 150 多人参与其中，同时，还有 200 多位同事通过线上形式进行学习。

“从 2020 年开始，公司就确定了要学习日本品质的方向，这也是公司重要的战略之一。如果没有品质的保障，公司的发展是不健康也是不可持久的，所以希望大家能够抱着积极的心态，向日本专家学习，能够真正地把他们这套东西理解深刻，并且用你们的实际行动做出来，最终把拓邦的品质体系打造得和日本的体系一样好，我们的出品，我们给客户的产品不会给客户造成困难，不会给客户造成问题，这是我们这次邀请日本专家来给我们建立品质体系的初衷，也希望大家能够在这里面发挥重要的作用。”

这是公司董事长武永强邀请日本顾问来公司培训前的一次讲话，可见公司对服务日系客户团队能力的提升，特别是产品品质提升的重视。不仅是这次培训，公司还多次邀请日本顾问进行实地指导，让对接日系客户的人员，除了语言关外，还要有好的理念和能力去更好地服务客户。

质量和产品之间的关系就像氧气和生命的关系一样，大家都知道氧气很重要，平时你感受不到它的存在，但是一旦缺氧，问题就来了，严重的时候甚至会危及生命。质量也是这样，如果做得好，平时你没有什么感觉，但是一旦达不到预定的质量指标，客户对企业的信任度就会随之降低，进而导致客户流失。失去客户后，企业就会像缺氧的人一样，慢慢地就会失去生命。所以质量是企业的生命线，也是企业发展的基石。

2. 寻求质量、成本、效率之间的最优平衡点

我们知道品质是有成本的，很多人都认为，品质本身不会产生新的价值，质量和成本、效率是矛盾的，提升质量就意味着不得不牺牲成本和效率。其实，三者之间并不矛盾。

我们都知道日企在质量方面做得很好，日本人提出了“零缺陷”的理念，并付诸实践。为什么日本人可以坚持这种理念？零缺陷并不是说他们的产品没有缺陷，而是他们用零缺陷的思维去管理、去做事。当每个人都养成这种习惯后，效率就提升了，成本就降低了。对于那些一味要求节省成本而造成产品质量不高、经常出问题、不得不面临返工、被召回的企业来说，除了浪费时间、人力、原材料，造成直接经济损失外，还会因为客户的不满，对一些潜在客户造成不好的影响，甚至可能会增加额外的检查成本，而所有的费用和成本最终会成为产品成本的一部分，从而推高产品成本，压缩企业的生存空间。所以质量的好与坏，直接决定了产品成本的高与低。产品质量跟做事的方式、做事的理念息息相关。

拓邦在向营业额百亿元、千亿元目标前进的过程中，遇到的问题将会越来越多。在中国人口红利逐渐消失的时代背景下，人工成本快速上涨；因为中美贸易战、俄乌战争等的影响，全球大宗商品和原材料价格节节攀升，我们的物料成本也水涨船高。人工和物料成本的上升造成我们的产品成本也在不断增加，与此同时，很多客户却要求我们不断降价。由于成本上升，利润降低，公司内部也有降成本的要求，在这种形势下，我们该如何做选择呢？下面举个例子来说明。

电控 BG 有一个塑胶供应商，在新项目报价的时候，模具开发费用和产品单价比其他塑胶供应商的报价都低，当我们把相关的费用分享给客户的时候，客户自然是很高兴的，也优先选择了这家塑胶供应商。他们的报价为什么会这么低？后来我们经过调查，发现他们的模具开发水平还可以，要保证模具的质量，模具开发的费用其实是省不掉多少钱的，但是他们却把注塑车间的制程管控省掉了，他们认为制程的品质管控是不产生效益的，没有意义，因此把这部分节省出来的费用，均摊到模具和产品单价上，从而降低了报价。对我们来说，塑胶件使用量很大，塑胶物料的品质却得不到保证，造成了我们的产品出现多次返工，我们用在挑选和返工的无效工时达到每月 1000 小时以上，严重打乱了我们的生产节奏，生产效率毫无疑问地被拉低了。而且有一段时间，因为这家供应商招不到工人，迫于出货的压力，我们不得不安排一条生产线的员工去帮助他们做生产。在 2021 年，为了提高他们的质量，减少内部无效工时和客户的投诉，我们派出了 SQE、SQM、IQC、采购、研发的同事长期进驻他们工厂，帮助他们去做改善，这些都是需要成本的。和这个塑胶供应商合作给我们造成的直接和间接损失，加起来可能比我们当初选择一家好的塑胶供应商的费用还要高。这是一个很深刻的教训，看似在前期节省了成本，但出问题后，后期成本会远远高于当初我们认为可以节省的成本，得不偿失！如果成本的降低是以牺牲质量为代价，那我们需要付出的代价会更大！因此需要在成本和质量之间做一个综合的考量，找到一个最优的平衡点。

拓邦一直致力于为客户提供优质的服务和产品，但在追求质量提升的同时，也不能过犹不及。品质是有成本的，质量过剩会增加成本，是一种浪费。我们要根据客户的实际要求制定适当的品质标准，既要满足客户的要求，但也不能比客户的要求高很多。质量就如空气中的氧气，适当的氧气含量让我们感觉愉悦；氧气不足我们会缺氧，呼吸不顺畅，四肢乏力；氧气含量太高，活性氧增加，会造成氧气中毒，造成组织细胞的损伤，我们的身体是无法承受的。

我们常说质量是命，成本是钱，不能要钱不要命。但也不能为了质量而一味拉高成本。如果成本过高，企业没有利润也是无法生存的，企业无法生存，质量就没有了依附的主体，也就没有任何意义了。

质量、成本、效率这三者要找到一个平衡点，因为保持平衡很重要。就像改革开放初期，由于缺失经验，为了发展经济，我们忽略了环境保护，后来经济发展起来了，我们生活的环境却已经很糟糕了，为了改善环境，我们又不得不花大力气去治理环境。现在国家在发展经济的同时，提倡要保护环境，要找到一个平衡点，均衡地去发展。正如习主席所说："既要金山银山，也要绿水青山。"只有经济发展好了，环境好了，我们的生活质量才能不断地提升。只要找到平衡点，我们就会发现质量和成本、效率之间是相辅相成的。比如，我们很多产品开始时可能要花很多成本在质量提升上，因为质量好才会得到客户好的反馈，客户才能持续给我们下订单，当订单达到一定数量的时候，我们就可以通过采用自动化设备、优化工序、开发价格便宜的替代料等手段来降低成本，综合算下来，效益会更高。这可能是一个长周期的过程，我们要站在产品的整个生命周期去考量。

质量、成本、效率三者的关系看似矛盾，却紧密地连结在一起的。我们不能为了追求质量而追求质量，造成过犹不及的后果；也不能一味地追求低成本高质量的产品，这是不现实的，要知道一分价钱一分货，你永远不可能用红米手机的成本作出苹果手机的质量。我们需要找到平衡点，让天平的两端重量一样，天平才能保持平衡。

3. 全员参与，环环相扣提升质量

如何才能提升质量？现代质量管理领军人物约瑟夫·朱兰提出的"朱兰三部曲"（或称"质量三元论"）给我们提供了很好的思路。

质量计划：为建立有能力满足质量标准化的工作程序，质量计划是必要的。

质量控制：为了掌握何时采取必要措施纠正质量问题，必须实施质量控制。

质量改进：质量改进有助于发现更好的管理工作的方式。

我们需要先弄明白质量问题是如何产生的。很多人都说质量是品质部门的事，出了质量问题品质部门去处理就好。真的是这样吗？我们常说质量是生产出来的，是设计出来的，从来没有人说质量是检验出来的。因此，质量问题是在设计和生产过程中产生的，我们需要从这两个环节入手。

如果让我们写数字，将 1 写到 10，这 10 个数字写一遍，我相信没有人会出错。但是如果让我们连续不停地写上 1000 遍，大部分人都是会出错的。这说明是人就会犯错，哪怕是一件很简单的事，重复做，就有可能会出错。而我们的产线工人，他们一天 10 个小时不停地做同一件事，怎么可能不出错？出错是他们的问题吗？当然不是！站在产品开发的角度看，我们设计产品时，尽量不要设计得太复杂，简单一点就好，这样就可以从设计上避免员工犯错。比如：

（1）客户没有特殊要求的时候，我们就使用成熟的工艺和技术，这样可以避免新工艺带来的不确定性，除非新工艺能够带来成本和效率的显著改善。

（2）能够用一个动作完成的工作，就不要设计成用两个，甚至多个动作才能完成，减少作业的动作，就是降低犯错的机率。

（3）能够防呆设计的就不要让工人去检查识别，每个人都会有疏忽大意的时候，很难避免出现错误。

（4）可以设计成使用自动化设备的，就尽可能不要设计成人工操作的，毕竟设备比人稳定、靠谱多了。

（5）工艺流程要合理，操作指引要明确，要让每个人都清晰地知道自己要做什么，怎么去做。

当然以上几点只是站在开发的角度去思考问题，质量的提升其实体现在方方面面。

如果说犯错在所难免的话，我们是不是可以提前识别出这些错误，并提前采取措施去规避。因此，在新产品开发过程中，应该品质前置、工艺前置。在产品设计阶段，我们就需要提前去识别风险。或者品质、工艺等更加前置。当客户有合作意向的时候，我们就去识别客户的品质需求，这样才能在设计过程中做到有的放矢。

正如上面所说，我们一定要用前瞻性的眼光去做品质，提前做策划，比如，从研发设计、材料以及供应商管理、过程管控、测试认证等各方面去识别风险，并针对这些风险采取相应的对策、措施，从而去把控这些关键点，提前识别出关键步骤、核心工序、核心设备等存在的风险。诚然，我们需要去提升人的品质意识，提升人的责任心，因为所有的东西都是人设计、人生产的，如果人的品质意识很弱，肯定是做不好品质工作的。因此需要提前去规避风险，不要给大家犯错的机会，只有这样才能一次把事情做对，一次性做到位。

每个岗位都是产品链条上不可缺少的一环，环环相扣，任何一个岗位出问题都会影响到下一个岗位，我们不能把发现错误的希望留到下一个岗位，靠别人去堵漏洞。曾经，我们接到一个客户投诉，客户反馈出口到日本的产品使用了错误的带插头的电源线。我们经过调查发现，出口日本的版本是在美洲版的基础上转化来的，研发部门在转化时没有发现这个电源线有问题，在转化 BOM 的时候，留下了原来美洲版的电源线，FR 按照这个 BOM 下需求，生产部门也按照这个 BOM 去生产，在试产验证过程中，品质部门和工程部门核对的时候，也没有发现客户的需求是不一样的。另外，客户端在验货的时候也没有发现。就这样一直到了日本，客户才发现这个电源线是不对的，整条生产链上的岗位人员全部失职，造成了不良品流到客户手上。因此每个人都需要对自己的工作质量负责，不能寄希望于其他人可以发现你的错误，如果大家都发现不了错误，就会造成巨大的损失。

除了前期品质策划和工艺端的合理设计、较好的品质意识外，我们还需要有完善的管控流程和品质体系，从制度上去完善我们的生产链条，减少我们的漏洞。

4. 质量建设的标准化、体系化

质量建设和提升与每个部门、每个人息息相关，需要靠 Team 的力量才能做好。整个产品周期涉及很多部门、很多人，需要有完善的流程和体系去支撑。

我们要有开发流程、生产流程、物料采购流程、品质管控流程等来支撑大家的工作，不能把希望寄托在每个人的工作质量上，因为不同人的能力、责任心、经验是有差异的，我们需要制度去支持大家做得更好。

比方说硬件，需要考虑平台化的设计、模块化的设计。软件方面，就要看整体的架构是不是有一个标准化的方向。因为软件一旦出质量问题，就是一个很大的问题，就会产生批量不良。所以软件、硬件的质量是要去重点关注的，不能出问题。硬件的标准化、器件的一致性，是很重要的。今天给这个产品做开发，明天给另外一个产品做开发，如果硬件保持一致，或者说百分之八九十都是一样的，那么器件设计就不容易产生问题，也不会因为方案突然改变而出现一些不可预测的风险。软件也是一样，软件有一些比较复杂的算法，如果软件可以做成一个标准库，大家在使用的过程中是不是就不会出现差异化的问题呢？

比如，采购流程要看哪些客户需要采购国外的物料，哪些客户可以使用国产的物料，这些都需制定一个标准。DFM 可制造性评审也需要有一个各个部门都认同的标准，这样在评审的过程中，按照标准来做就好很多。

我们的开发流程也一样，比如，在哪个阶段做什么样的工作，由谁负责，一个新的项目需要经过几个阶段等等，清晰地将之定义出来后，大家就可以按照流程走。而且，在开发流程中，要把供应链、品质、制造前移，这样在前期就可以识别出风险，并规避风险，从而提升质量，比如，新项目开发中的 0 ～ 1 流程、1 ～ N 流程。

提升质量最主要的手段就是标准化作业。我们总是要求生产部门的员工按照 WI 标准作业，其他部门也是一样，比如，品质部门在新项目阶段需要输出什么文件，怎么去评审产品，怎样检查作业指导书，控制计划按照什么格式和要求做，都需要固化和量化，形成标准化的指导书，指导每一个人的操作。研发部门的 BOM 如何制作和评审，客户图纸怎样转化，也一样需要标准化，即使有经验的老员工知道怎样做，新员工却不一定清楚，如果老员工离开，这些积累下来的宝贵经验就会遗失。即使员工知道怎么做，如果在执行的过程中跳过了一个步骤，就会出现问题。因此标准化、平台化、模块化是提升效率、提升质量的重要手段。

仅有好的工作流程是不够的，因为事情最终还是需要人去做，需要有平台和机构去监督大家按照流程执行任务。比如，我们公司的 PMS 系统很清晰地定义出了每个阶段需要上传的资料和文件，但如果没有人去监督，很多需要上传的交付件就会缺失。每个部门都有自己的流程，比如，研发部门的软件评审和变更流程，研发部门在变更前，需要做好充分的验证和评审工作，并且不能随意改动。有流程、有监督后，还要有相应的培训机制作为辅助，不然大家都不知道怎么去使用，这样也是不行的。

拓邦正在推动建立“零缺陷”质量体系，并不断推进精益改善，为客户提供更为上乘的产品品质。拓邦在采购、研发设计、试产、量产、售后等环节建立了完善的质量体系，建立了各类专业的实验室，快速、灵活、高效、协同地为研发保驾护航。拓邦中心实验室已通过国家实验室认证（CNAS 认证）、DEKRA CTF 实验室认证、TUV 莱茵目击实验室认证、UL - WTDP 实验室认证，为客户和合作伙伴提供 EMC 测试、元器件认证测试、产品可靠性测试、寿命测试、安规测试、电磁兼容测试、环保标准测试、有害物质检测、失效分析测试等测试，以及方案设计、评审及整改等服务。除中心实验室外，各类专业实验室，如燃气实验室、厨电实验室、工程实验室、电池实验室 、智能马桶实验室、冰洗实验室、电动实验室等，均可按照 UL、CE、VDE、TUV、GS 等认证要求进行专业产品测试。

图 5 - 15 “零缺陷”质量管理体系

我们经常说铁打的营盘流水的兵，制定好的流程和制度，不论换了谁，都是一样的执行，这样，机器就会正常运转，我们的质量就不会差。

精益改善，进无止境

什么是精益？通俗来讲就是消除一切无价值的活动，就是消灭浪费，包括时间的浪费、空间的浪费、沟通成本的浪费、原材料的浪费、人员的浪费，使资源产生的价值最大化。

为什么要强调精益？因为我们需要提升效率，减少一切不必要的浪费，尤其是各个部门正面临不断降低生产成本的压力，需要我们开源节流，这就是强调精益的原因。

精益是从生产线开始的，经过一段时间的生产和磨合后，我们就会发现一些设计不合理，或工艺不合理的地方，这些影响效率且产生浪费的行为，以及不增值的动作，都是精益需要消灭的对象。很多公司都在开展精益活动，但很多做法都走偏了，他们认为精益就是减少人员、减少工位、减少生产动作，例如，简单粗暴地把产线目检的工位取消，认为这是不产生价值的岗位，减少一个岗位就可以省下一个人的费用。这样做完全违背了精益的初衷。精益的初衷是减少不为客户产生价值的浪费，但前提是给客户提供的产品或服务的质量不能降低，如果不讲质量，这个减少的成本将毫无意义。很多的时候，精益会配合着客户的降本一起出现，从设计、物料的选择，直到生产加工的过程，都尽量降低成本，给客户提供更多的收益。

所以从这个意义来说，精益就不是单纯的生产的问题了，而是和各个部门，和每个人息息相关。比如，办公室的打印机用纸、笔和本子等办公用具，以及水和电，都是精益改善的对象，都有改善的空间。又如，外出用车的条件和频率、客户接待中不必要的花销，还有设计中的重复设计、功能多余的设计，一般物料即可以满足要求，却选择了更贵的进口料等都需要进行精益改善。精益是每个阶段都需要的，我们做事的时候，要有一颗精益的心。

武总说："精益改善实际上是一种思想，改善是无止境的。不单单是生产部门，我觉得我们公司所有的部门都应该有这样一种精益改善的思想。我们每年都在考核进步性，业务单位考核的是它的增长，其他的部门考核的是进步性，你有没有进步？如果去年工作是这个水平，今年还是这个水平，说明你没有改善。精益是这样的一种思想。"

我们怎样才能够把精益做好？首先要在思想上重视，不要以为精益和我无关，不用参与。任何事情都有可以改善的空间，精益需要全员参与，不是几个负责精益的人自己做一下就可以做好，因此需要调动更多人的积极性，让更多的人参与其中。我们的产品很多是定制化的，容易产生一些问题，如何避免这些问题，单靠几个人是不行的，需要更多的人共同努力，这是日本人一种比较好的管理方法。日本人的理念就是人人都参与改善，他们的员工都是终身制的，每个员工都对自己的工作非常负责任，对自己的企业有高度的认同，他们把自己的工作看得就像自己家里的事情一样重要。我们中国人很难做到这一点，那就得有人引导大家去做改善。

电控 BG 在精益这方面有一个比较好的做法，即发动全员参与工作改善，只要参与，就有奖励。员工每提一条建议就可以领一个奖品，每个月发放一次奖品，如肥皂、衣架、纸巾、洗衣液、大米……员工提建议时只需要提出合理的建议就可以了，不需要给出改善方案。提出建议后，会有专门的改善小组进行跟踪处理。有人质疑这样做有没有意义，员工提出这些建议对于精益生产有没有作用。电控 BG 制造总监董腊树说："员工天天和生产打交道，他们对工艺的理解其实是更透彻的，哪些让他们生产困难，哪些是无用功，他们一清二楚。他们的建议有没有用？肯定是有用的，只是你感觉不出来而已。哪怕100个提案中我们可以用到一个，或者200个中用到一个，一个改善可以给我们带来5万块钱，我们也是赚的，因为200个奖品成本可能最多1000元。用1000元换取5万元，这个精益是值得的。而且这样也激发了员工的积极性，实实在在的奖品比那些三令五申的口号有用得多。”

我们不能生搬硬套任何一家企业精益改善的推行方式，不能因为日本丰田的精益生产做得好，就把他们的推行方式搬到拓邦来，这是不合适的。我们要根据我们的企业文化、产品特性，以及我们的人员变化等，做一些相应的调整。实施精益改善最大的阻碍是我们自己的思想，我们缺少对我们自己工作的不断反省和自我批评。很多人都会遇到这样一个问题：一个产品已经做了好多年了，一直是这样做的。当发现问题时，发现问题的人说这样做是有问题的、不对的，很多人就会说以前一直这样做，也没有问题呀。这种思想很危险，以前没有出现错误，并不代表所做的就是对的。我们需要不断适应新的变化，可能以前是对的，但随着环境的改变，现在就不对了。这世界唯一不变的就是不断变化。

精益改善是一个PDCA不断持续改善的过程，是一个全员参与的过程，所以不要说无法改善，我们要先从思想上改变起来，不断反省。但任何改善都不能以牺牲质量为代价，不能以牺牲客户的需求为前提。精益改善的推行无论何时何地都是困难的，人总是害怕改变，但有意义的改善，再难也要进行下去，因为这将给我们带来实实在在的价值和提升。

智能制造，引领产业升级

1. 智能制造时代已经到来

随着机器换人的浪潮越来越高，智能制造这个词出现的频率也越来越高，国家也在提倡智能制造，很多企业都开始聚焦智能制造。

拓邦为什么要推行智能制造，有三方面的原因：

一是顺应国家战略方针的要求。我们国家提出了《中国制造2025》的计划，要发展智能化、信息化、附加值高的新型制造业。而德国提出的工业 4.0 归根到底也是信息化、智能化。

二是满足客户越来越高的要求。客户对于生产制造、设计开发等信息追溯的次数越来越多，以前所有的报表都是纸质的，找一个信息需要很久，有些数据根本就找不到，比如，使用物料的信息、测试的信息等，这样在出问题时，反查数据就很难。另外，客户对于质量的要求也越来越高，仅靠人为把控质量，到一定阶段之后就会遇到瓶颈，很难有新的提升。智能化设备对产品的一致性和准确性把控得更好，能够更好地提升产品质量和工作效率，更好地服务客户。很多公司都在推行信息化、智能化制造，随之而来的就是 MES 系统、SAP 系统、机器代人等越来越多地被应用到制造业中。此外，客户对降低成本的要求也一直都在。通过智能制造，可以减少人工成本，同时提升生产效率；一台机器就可以代替多人的工作量，可以减少因为人为失误造成的返工和客户投诉等问题，也从侧面降低了成本。

三是应对人工成本的上升。随着中国老龄化、少子化的到来，适龄工人越来越少，加上现代人受教育程度普遍提升，很多人不愿意选择制造业。另外，新兴行业不断出现，如外卖、滴滴、直播、短视频等，让大家有了更多的就业选择机会，这些行业工作时间灵活、自由、门槛低但工资不低等特点，致使很多年轻人不愿意选择工厂。同时，“95 后”“00 后”陆续走入社会，成为国家建设的生力军，他们生活条件优越，很多人没有生活的压力，不会像他们的父辈那样，为了生活而进工厂就业。

以上几点造成了现在工人难招、难留，并且流失率高，以至于很多公司订单充足，却招不到足够的人员去生产。这样的事例屡见不鲜。

国家提倡智能制造，企业基于自身和外部的种种原因，也不得不花很大的精力和成本去推行智能制造。

因此，拓邦推行智能制造的目的非常明确：

（1）降低制费成本，提高利润。利润是创造出来的，也是节省出来的，在产品结构或者服务模式不变的情况下，大部分是管出来的。

（2）提供管理工具，便于管理。智能制造的大部分工作是为了实现企业在制度化的基础上，以设备、数据、算法和模型驱动价值流的快速流转。

2. 智能制造点亮工业转型前路

智能制造分两个部分：一个是信息化，一个是机器换人。

依据《智能制造能力成熟度模型》《智能制造能力成熟度评估方法》两项国家标准，中国电子技术标准化研究组织将智能制造成熟度等级分成五级：

一级（规划级）：企业应开始对实施智能制造的基础和条件进行规划，能够对核心业务活动进行流程化管理；

二级（规范级）：企业应采用自动化技术、信息手段对核心装备和业务活动等进行改造和规范，实现单一业务活动的数据共享；

三级（集成级）：企业应对装备、系统等开展集成，实现跨业务活动间的数据共享；

四级（优化级）：企业应对人员、资源、制造等进行数据挖掘，形成知识、模型等，实现对核心业务活动的精准预测和优化；

五级（引领级）：企业应基于模型持续驱动业务活动的优化和创新，实现产业链协同并衍生新的制造模式和商业模式。

目前拓邦正处于第二级阶段，正大力推广自动化技术，先硬件后软件，先做好机器换人，处理好“数据源”自动化的问题。这里的自动化除了一般意义上大家理解的机器换人外，还包含现场数据的自动生成、自动采集、自动分析、各个系统间的自动集成。

智能制造需要建设数字工厂，而数字化转型需要获取数据。首先我们要回答关于工厂信息的5W1H。谁需要数据？需要什么数据？为什么需要数据？需要哪些数据？需要哪个时间段的数据？如何获取这些数据？如何管理这些数据？这些数据是否需要存储，存储多长时间？我们需要明白，数据是昂贵的，获取数据的目的是为了改善我们的工作。

同时，数据不等于信息。按照属性来分，数据可分为基础性数据、规范性数据、计划型数据、异常型数据、触发型数据、实时管制数据、期间管制数据等。以部门功能为横坐标，数据类型为纵坐标，可以将所有数据网格化、矩阵化，并按时间和流程顺序梳理，令数据在属性网格中流动起来形成数据流。

信息化应用领域广泛，目前，拓邦基本实现了信息化管理。比如，SMT 车间基本实现了信息化，全程的 MES 追踪系统、线边仓库的智能分配系统可以根据订单的需求分配物料；钢网的信息化管理、锡膏和红胶的信息化管理，目前都可以在系统上追溯相关的物料信息、使用信息等，减少了人为记录和统计，从而提升了信息的准确性和追踪效率。仓库也在实现全面信息化的进程中，比如，仓库的物料在入库前都可以通过扫描将物料信息录入系统，系统再根据订单需要进行分配和管理，这样就可以实现物料先进先出，避免因为物料超期等造成损失。此外，系统还可以对过期物料自动报警，要求相关人员进行库存重检。目前，我们的 FCT 测试架中很多已经实现自动化、半自动化，里面的测试数据可以保存和调阅。

机器换人目前除了 SMT 做得较好，工艺单一的工作，如刷油漆、点胶、打螺丝等可以实现自动化外，DIP 和组装的部分还有很长的路要走。自动化可以节省一部分人力，工作效率也高，一致性较好，不会出现人为的低级失误。

虽然信息化和机器换人好处很多，但也受到信息系统、设备费用、产品特性等条件的制约。比如，如果 MES 系统要实现 DIP 追溯的目的，就需要在产品上增加二维码等信息，但很多 PCBA 上没有太多空间去增加二维码；出于功能和可靠性的考虑，PCBA 上的很多器件还是不得不选用一些插件物料，无法完全实现 SMT 贴片化，仍然需要人工插件、过波峰焊；使用自动打螺丝机时，要求螺丝位于同一个平面，并且螺丝规格必须一样，否则无法操作，或者效率太低；如果自动喷油漆设备在 PCBA 上预留的空间不够大，喷油漆时油漆就很容易飞溅到其他元件上，而插座、LED、USB 等元件是不能有油漆的，如果器件多的话，就很难操作。

因此，针对机器换人的自动化问题，目前我们采取的策略和措施如下：

（1）做好 DFM。

规范设计输入，将自动化规则推向前端设计，帮助设计工程师在产品 layout 时就注意到自动化设备如 AI 等对产品设计的限制，扩大标准自动化设备的应用范围，提高使用频率，保证设备的稳定性和准确性。

（2）平衡自动化和柔性化。

梳理大规模生产的量产产品和 ODM 平台化产品，以自动化生产线完成这一类产品的生产任务。梳理标准工艺，如 ICT、FCT、点胶、螺丝、焊接等。比如，在设计过程中选择可以 SMT 的元件，尽量选择通用和标准的物料；在 Layout 的时候，需要留出足够的空间增加二维码，以便于 MES 系统的追溯；对于有特殊要求的元件，要特殊处理，比如，对于有喷油漆或者加胶要求的产品，需要预留足够的空间给设备，并尽可能地选择有防水功能的元件，这样就可以减少因为后续加工对产品造成的不良影响。当然，最主要的是要在自动化产线中将这一类设备做到标准化、模块化，合则标准产线，分则标准单机，同时可以根据产品工艺快速重组。

（3）信息共享，资源共用。

目前，公司设立了专门的智能制造中心，他们将和生产部门之间进行信息共享，并在需求和反馈上有更好的服务沟通机制，可以更快速、更准确地和事业部协调，从而促使各事业部建立自己的标准；平台的设计尽可能通用、设备可以共用，进而减少设备的开发成本、维护成本、制造成本，同时也可做到设备资源使用最大化。

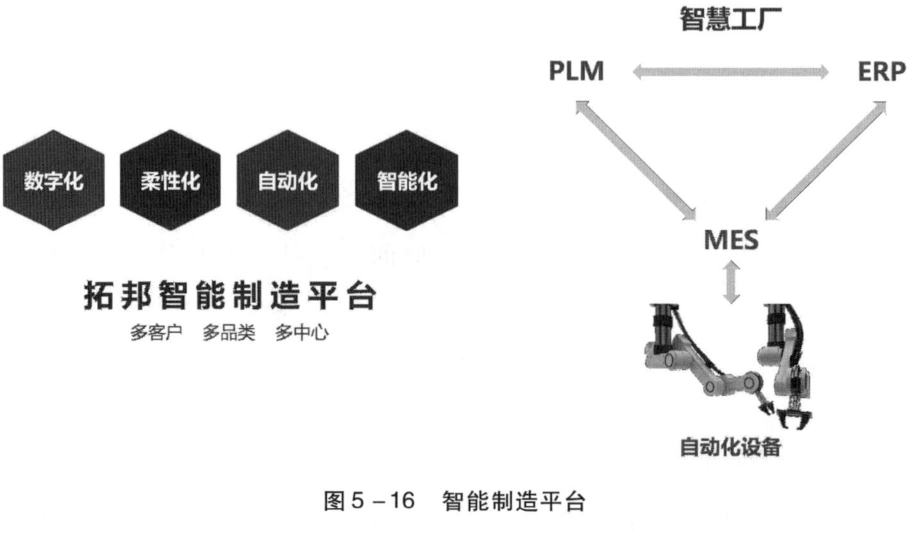

图 5－16 智能制造平台

在智能制造这条道路上，我们还有很长一段路要走，需要各个部门共同参与。在可以预见的未来，人工成本的压力会更大，对于智能设备的需求会更加迫切，智能制造未来会有更大的施展空间。目前，公司越来越重视智能制造，投入的资源越来越多。未来，相信拓邦在智能制造的赛道上会处于领先的地位。

延伸阅读 1

从内突破，焕发新生

（集成供应链中心　郭工）

勇于思变——开启供应链变革

图 5－17　企业运营的“三驾马车”

从2014年到2018年，拓邦业绩蒸蒸日上，营业额每年以30%左右的速度增长。业绩增长背后是大家通过解决问题，为达成未来3～5年新目标而不断成长。作为事业部“三驾马车”之一，我们的供应链也经历了阵痛求变的过程。变革前，供应链在执行客户要求时非常被动，内部计划80%靠手工作业，肩扛手拉——回复排程，排生产计划，查核欠料，供应商回复交期，客户交付没有保障，客诉频繁，库存高企，人员工作量巨大，流失率也高。针对这种情况，我们不断思考：现在我们做10多亿元就已经这么吃力了，如何再承接30亿元、50亿元、100亿元……没有供应链的保障，如何达成事业部的目标，谈何助力？

理解了供应链在公司未来发展中的战略地位后，我们开始求变。我们尝试过从供应商管理到IT工具的升级，再到人员能力的提升这些方法。虽有些许成果，但总觉得不能彻底解决问题，最后我们接触到了ISC，开启了一场供应链体系（组织+流程+表单+IT系统）的大变革。

从培训到理解，有犹豫更有坚定；

从理解到领悟，有苦恼但不缺收获；

从领悟到实施，虽有汗有泪，但收获了信心！

求知探索——不断加深对集成供应链的理解

ISC的培训工作在2017年7月份正式开始，那时大家对ISC的理解不深，甚至不理解。有人说ISC就是个IT系统，目的就是提升工作效率；有人说ISC就是个工具，只能解决某个点的问题且过程烦琐；也有人说里面涉及要和客户谈交付规则和策略，要锁定两周的生产计划，但某些客户非常强势，根本不谈规则，交付变化很快，根本就不能锁定计划不变。总之，质疑声音不断。

说实话，对于是否要继续变革，微电BG也犹豫过。随着培训工作的推进，我们对ISC的理解不断加深——目的：建立端到端的精敏型供应链；使命：提升客户服务与竞争力，推动价值协同。ISC是华为成功的基石之一，代表着先进供应链管理理念与体系。其集成分为三个层次：

第一个层次：集成客户、拓邦、供应商，形成需求驱动、信息整合的良性生产模式；

第二个层次：产品开发时，集成产品策略、器件策略与采购订单交付策略；

第三个层次：集成战略、策略、流程、系统、执行，是管理体系的集成。

因为集成，从产品开发到交付才能精益，综合成本才能低；因为集成，才能实现敏捷体验。

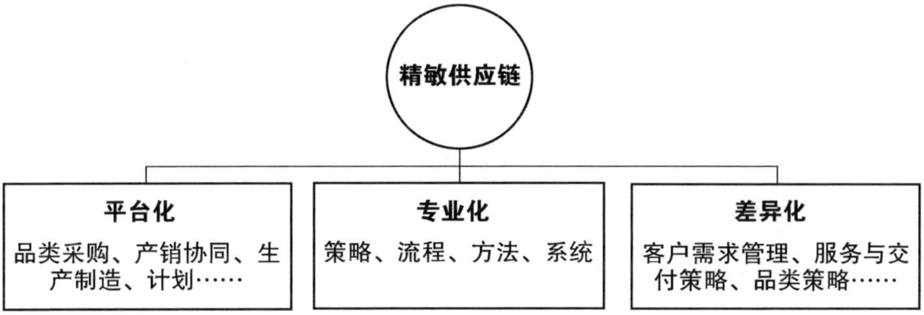

图5　18　精敏供应链

由此可知，ISC是一个公司的战略体系，绝不是供应链内部的体系，类同于IPD。其实，其逻辑理念与IPD也类似，比如，第一步都是要做需求管理，明确客户的需求，而不是要求，只有这样，我们才能“做正确的事”。小IPD的产品开发，各个节点协同与评审类同于ISC中的MPS快速协同与决策。简而言之就是“敏捷”。作为两大核心体系，IPD与ISC也相互依存，IPD在产品开发阶段就和客户谈好交付策略，做好产品管理、器件管理、采购策略，为ISC执行开路；ISC中的项目采购+品类采购也为IPD做策略支撑。

随着我们对ISC理解的深入，微电BG的管理层在决议时，继续坚定推行ISC变革。

砥砺前行——迎难而上，唯有实践才能检验真理

2018年9月份，ISC开始在微电BG试运行，在和客户洽谈交付规则时，我们的客服遇到了些许阻碍，客户说："别跟我们谈规则，别家都没有让我们谈规则；我们没有预测；让我们备料，风险你们拓邦自己承担。"等。但后面我们调整了策略：(1) 站在客户的角度谈判，让客户明白规则有助于客户服务的提升。(2) 帮助客户提升对供应链计划的认识。其实，很多信息客户端都有，只不过客户没有识别，不会利用。(3) 在和供应商谈判之前，我们内部先演练，预先假设可能出现的各种情况，并提前准备好对策。

最后，在我们客服的努力下，80%的客户都和我们谈好了规则，并执行规则。

2018年7～9月，主计划架构及协同流程搭建完毕。

2018年10～12月，微电BG SAP需求管理模块和MPS模块正式上线，目标就是要实现"三一致"，实现快速协同与决策出货计划。"三一致"的内容如下：

(1) SAP MRP与SRM一致；

(2) SRM PO回写与SAP更新一致；

(3) 供应商SRM送货与仓库收货一致。

刚开始的时候，(1) 和 (3) 很快就实现了，可是 (2) 的准确率只达到80%，系统数据失真，所有交付数据都不准确。怎么办？要停下来吗？不停的话，客户现有订单受影响；停的话，所有准备将半途而废，推迟到2019年后再上。经过供应链和流程中心IT团队的三次讨论后，我们做出了最终决策：现有订单全部手工作业，同步继续推进变革。放弃不是我们的作风。最后，在春节前一个礼拜，我们实现了"三个一致"，系统

运行稳定！

后来，我们调出人资数据，整个团队整整加班90天，共2160个小时，后端采购基本上都是加班到凌晨。虽然很累，但我们很充实！且最为珍贵的是我们收获了继续变革的信心！

2019年2月，是业务单位和IT部门正式协同指导生产完成、客户交付开始的时间，我们再一次面临困难，我们的主计划与物料计划无法灵活应对客户的变化，协同非常慢！计划变了，物料确认却非常慢；物料确认了或是改变了，计划调整却很慢。为此，我们把主计划、物料计划人员安排在一起，由我亲自协同主计划和物料计划，以便快速对生产计划做决策。我们的纪录是1.5小时内协同3次，之前是两天协同1次。最后，我们整个团队成员在某个周六一起讨论协同机制问题并达成一致意见，形成文件并受控、固化下来。结果，2019年3月份之后就实现了提前7～14天锁定生产计划的目标，且能达成客户订单期望。整个过程虽然很累，但我们觉得面对变革，我们可以！

展望未来——百尺竿头，更进一步

ISC变革历程如下：

2017年：ISC理念导入，确定拓邦供应链战略。

2018年：微电BG开始构建客服、计划、战略采购及器件工程四大模块。

2019年：强化供应链计划，初步建成预见型供应链2.0。

微电BG阶段性成果小显，但与事业部未来的目标相比，我们尚有距离。接下来的2020年，我们要把ISC协同延伸至供应端与客户端内部，以IT系统为载体，协同规则保驾护航，进一步强化客户端与供应端的高效协同，实现敏捷交付。

持续变革，实现业绩腾飞，我们还有很长的道路要走，供应链变革尚未成功，同志仍需努力！前途是光明的，过程是曲折的，在大家的共同努力下，拓邦将逐步迈向整合型和价值型供应链，供应链的优势也必将成为拓邦的核心竞争力。

变革会带来阵痛，但越过这道坎就能迈向成功，所以我们必须把握时机，坚定决心，敢干，永不放弃！电控 BG 和电气 BG 的伙伴们，在公司 ISC 变革的路上，让我们相互鼓励，攻坚克难，共同谱写华丽篇章！

延伸阅读 2

ISC 变革——“48H 计划协同”项目取得阶段性成果

（流程与数字化中心　周工）

金秋十月，是收获的时节！

ISC 变革 2019 年重点项目——“48H 计划协同”项目在项目组全体成员的精心耕耘、浇灌、培育下，终将在这个金秋季节收获丰硕的果实。

什么是“48H 计划协同”？这个项目能给拓邦供应链带来什么改善？ISC 变革自 2017 年 7 月份开始实施，2018 年底在微电 BG 上线一期方案后，客户需求管理、主计划、物料计划、供应商协同等四大模块已经初步建立，初步打造了端到端的交付框架，实现了打造预见型供应链的目标。但拓邦对客户订单的反馈需要 4～6 天的时间，这样的时间周期还不能满足客户敏捷交付的要求。而且当客户有紧急订单、询单时，一方面，由于系统支持不够，往往需要物料计划部门花费大量的时间和精力去确保物料交期。另一方面，由于给客户的反馈速度慢，在与对手竞争中我们往往失去先机。这些问题都迫使我们要对目前的方案进行优化改善，以提升反馈效率，满足业务需求。

经过对事业部的实际问题进行调研分析后，项目组总结出6个主要问题点（见下表），重点是加快对客户需求的反馈速度。项目组分析后给出对策，形成“48H计划协同”项目，项目重点在于围绕以物料计划为核心的快速计划调整与协同，增加“天特别调整”解决方案和“假设性分析”功能，关键是“需求净改变量”“红黄灯智能识别”“主动供应调整”“假设性分析”。

6个主要问题点

问题类型	问题描述	方案类型	解决方向
信息不对称	**1. 紧急需求变化未能及时传递给供应商，线下协商效率低**	协同增强	**1. 增加天特别调整解决方案**（即：对于每日需求变化或仅针对个别紧急需求，运行MRP后传递至物料计划表，过滤或修正后，即可发布至SRM）
效率低	**2. 需求调整不易被快速识别，全面回复效率低**	提升效率	**2. 天特别需求调整形成净需求改变量，通过红黄灯智能识别与标识，提升效率。**（将净需求改变量发给供应商，红黄灯提示物料计划及供应商处理异常，同时保留供应商的上期供应反馈）
效率低	**3. 周供应计划不能满足近期对于计划精度的要求**（尤其是最近4周，需要加强近期物料计划的精度）	优化精度	**3. 优化物料计划及SRM协同的时间轴精度**［最近4周按日，后13周按周，后8个月（第5-12个月）按月］
信息不对称	**4. 物料计划无法过滤并修正供应商回复**（以至于生产计划无法依靠SAP欠料表作出判断。线下回欠料不仅低效，而且无法及时应对动态的供需匹配）	主动控制	**4. 物料计划可主动对物料供应进行调整**（物料计划做的供应调整将回写SAP，为主计划决策分析提供依据，从而提高判断决策的速度。物料计划也无需再做线下欠料报告）
效率低	**5. 对于紧急需求，难以发现物料瓶颈并快速评估出可行性计划**	可行性分析	**5. 新增假设性分析whatif功能**（对于不确定的需求，可通过假设性分析帮助主计划、物料计划判断物料风险，帮助他们分析并制定计划策略，并最终形成行动）
效率低	**6. 例外信息处理效率低**（需求推迟、提前及拆分，需大量手工工作）	主动控制	**6. 进一步提升与优化计划效率**（提高MRP及物料计划报告的时效性，周二需求发布前系统自动调整例外）

项目目标：

1. 48小时内完成计划协同和决策并反馈给客户，实现敏捷交付；

2. 通过系统集成处理，减少供应链相关岗位工作量。

“48H计划协同”项目将帮助主计划、物料计划快速识别客户需求的变化，加快处理速度，缩短反馈客户需求变化的时间，进一步提升拓邦的供应链竞争力。

为什么供应反馈速度能加快这么多？

（1）需求数据发布频率改变，有利于识别净改变量。需求数据由之前

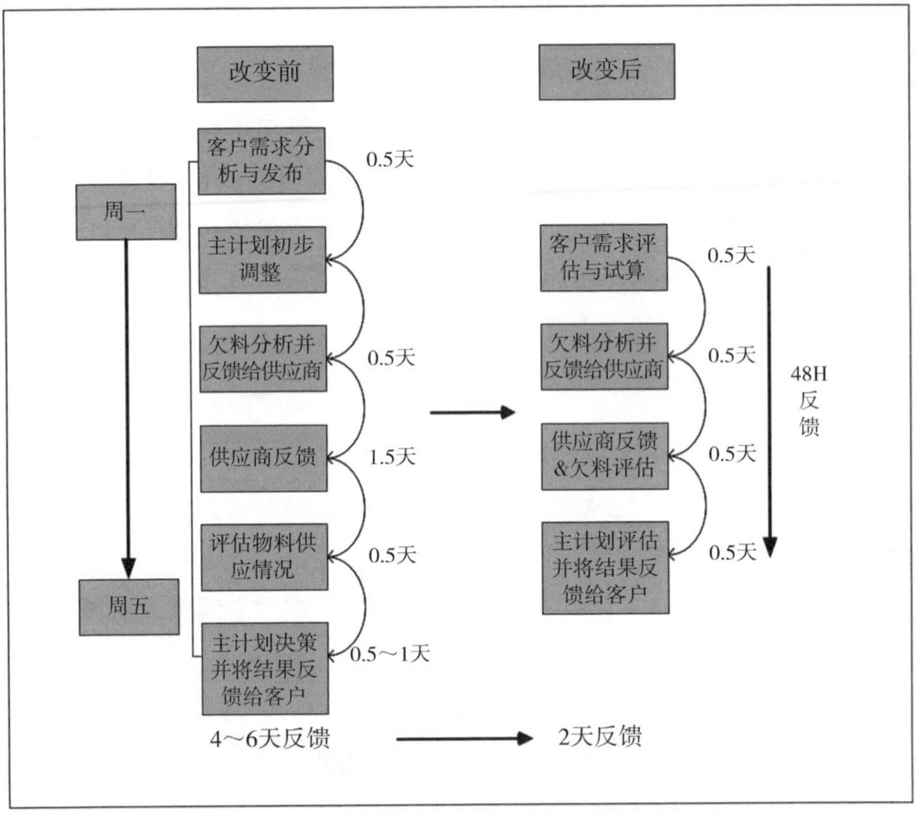

图5－19　施行“48H计划协同”前后对比图

的每周发布一次到现在的每天发布一次，每次更新数据的数量减少，系统自动对比上版需求形成净改变量，帮助计划部门快速识别出需求的变化量，并保留上版数据作为参考，这样供应链上各岗位需要处理的数据就大大减少，速度就加快了。

（2）开发系统、报表工具辅助处理信息。施行“48H计划协同”前需要处理的信息可能散落在不同角落，我们需要通过多种方式收集处理。物料计划需通过“物料计划表”“SRM供应商平台表”“ZPP132欠料表”“ZPP186急料报表”“ZMM194订单评审表”等综合分析物料信息后才能做出，而现在通过开发新的“物料计划表”，将信息集成在一起，增强了物料计划与系统的互动处理功能，提升了效率。同时，开发试算系统，增强对紧急需求的试算分析，也为决策提供了支持。

（3）设定规则，系统智能化处理。对之前某些需手工处理的工作，我们总结出其规则、方法，并设定在系统中，通过系统智能化的快速处理，既加快了速度，也降低了错误发生的概率。如系统自动处理例外、红黄灯智能提醒等。

（4）快速识别，红黄灯提示。如何在众多信息中快速识别欠料信息，提示物料计划，加快响应速度等问题，之前都是根据人为数据进行分析判断后作出处理，处理速度慢、效率低。施行“48H 计划协同”后，通过红黄灯智能识别，紧急的未满足的需求会被标识成红色高亮显示，提示我们优先处理，从而加快了对紧急需求的响应速度。

（5）信息传递速度加快，简化了流程。以前需要 5 天时间循环完的流程现在只需两天时间就可以处理完，信息集中处理，可一次传递到位，简化了流程，减少了沟通协调的时间。

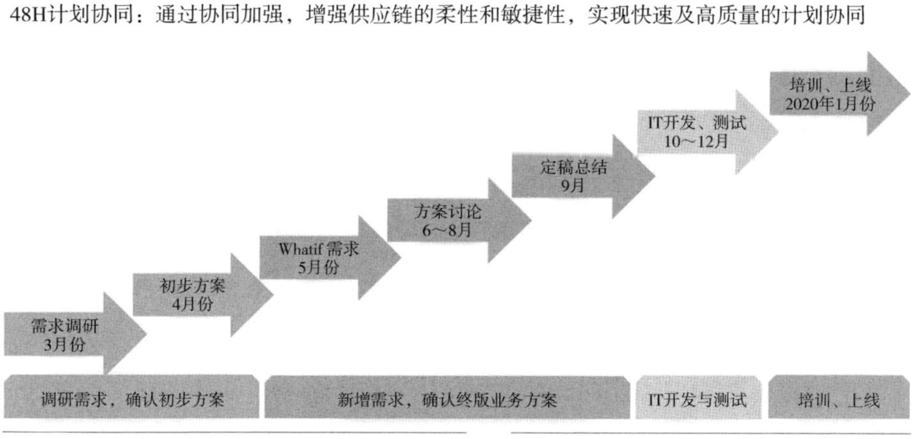

图 5－20　施行“48H 计划协同”

供应链体系是一个复杂的体系，变革需考虑各部门间的配合、流程之间的有效衔接、人员的有效沟通。“48H 计划协同”项目从 3 月份开始需求调研，到9月份方案最终定稿，耗时6个月。需要3个月的开发测试时间，按当时计划，是2020年1月份上线。

讨论方案时，我们既想让系统快速处理信息，又希望能人工干预，以便在一定程度上规避风险。为了达到这样的智能化处理效果，需要设计复杂的逻辑。项目组一般都是给出三四个方案，如供应商回复匹配拓邦需求的四种方案、物料计划员修正供应商回复的四种方案等，再与业务部门讨论并从中选其一。每个方案都有其优缺点，方案一追求效率，方案二追求避免风险，方案三增加人工干涉，方案四进行综合，每一次讨论都是效率与风险的权衡，以获得最优解。一个庞大复杂的项目，从顶层方案规划到流程设计再到具体业务操作，从方案设计到系统开发，就这样一点点被拆解，被讨论并确定下来。

牵一发而动全身，5天的工作流程压缩到2天内完成，这样快节奏的处理速度，对跨部门协同、信息传递与反馈速度、系统运算速度、岗位人员工作处理速度和质量、供应商协同都提出了很高的要求。微电BG在ISC一期落地时已经积累了大量的经验，人员培养、组织架构基本完善。这次“48H计划协同”对我们来说既是挑战也是机遇，它对供应链流程机制的建立，对业务人员能力的提升，对拓邦供应链竞争力的提升都将带来质的飞跃。一次次的挑战，一次次的改变，使我们变得更好。

回顾整个ISC集成供应链项目变革过程，自2017年7月份开始实施变革以来，目前一期规划的方案在微电BG已经基本落地，客户需求管理、主计划、物料计划、供应商协同等四大模块已经初步建立，规范了业务流程操作，增强了不同岗位间的协同，打造了端到端的交付框架能力，取得以下成果：

管理成果：

（1）初步形成以客户需求为驱动，主计划与物料计划配合及供应商协同的预见型供应链计划体系。

（2）设立客服、主计划、物料计划等职能岗位，并开始初步运用策略及数据管理供应链。

绩效成果：

（1）加快客户交付回复速度，回复所需时间从5～7天减少到4～6天（提升15%）。

（2）库存周转天数下降，从77天减少到50天（提升30%）。

（3）稳定生产计划，减少计划波动，生产计划的锁定时间为国内1周、国际2周。

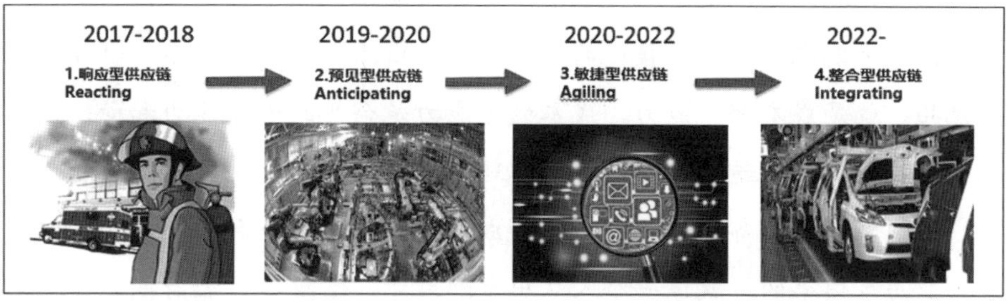

图5－21　拓邦供应链变革过程

变革取得了一定的成果，加快了客户交付回复速度，降低了库存成本，提高了客户满意度。但是目前我们只是初步打造完成预见型供应链，我们还需要敏捷型供应链、整合型供应链。从响应型供应链到预见型供应链，再到敏捷型供应链，ISC集成供应链变革一步一个脚印，不断地推动拓邦供应链管理水平的提升。“快速交付，提升客户满意度”是我们不断为之奋斗的目标。

变革在路上，永不止步！

延伸阅读3

浅谈企业成本领先能力的五大基建

（全成本与效能改善部　曾工）

什么是成本领先能力？在信息快速传播的时代背景下，不同企业间产品的同质化越来越严重。通俗来讲，能在同质化产品中付出比同行更低的成本，或者能在付出成本接近的情况下，产出比同行功能更多、性能更优的产品，就是成本领先能力。成本领先能力是企业的专业能力和管理能力在研发、采购、制造等领域的综合体现。

如何做才能具备成本领先能力？成本领先能力是一种综合能力，它不是企业与生俱来的，就像一个人从出生到成才，需要经过长时间系统学习各学科知识后，才能具备成才的综合能力一样，企业成本领先能力的获得需要企业以打造成本领先能力作为战略导向，精心规划企业成本能力提升的框架与路径，从最基本的“基础设施建设”开始，持续不断地为成本能力提升添砖加瓦。

成本组织建设

成本组织建设的本质是解决谁来管控成本的问题。企业成本能力对外是企业综合能力的体现，对内则体现在具体的组织和人员上，看起来人人都对成本有管控的责任，但真正出现了成本问题需要去解决时，又难以找到具体的人去负责落实。因为每个人都清楚仅靠一个人或一个部门是无法解决问题的，甚至一个部门的努力有时会与另一个部门的努力达成相反的效果，人人有责反倒成了人人免责的“帮凶”。

想要解决成本管控问题，需要企业从上到下建立分层分级的成本管理组织。在公司总部层面，需要有根据公司成本战略规划，专注于成本组织建设、成本制度建设、成本流程建设、成本评价体系建设、成本文化建设等“基础设施建设”的成本组织；在BG或BU层面，需要有根据项目成本规划，专注于统筹协同推动研发、采购、制造等业务领域去落实项目成本目标的成本组织；在研发、采购、制造等各业务领域，需要有专注于本业务领域落实项目成本目标的成本代表。总之，建成分层分级的成本管理组织，就如同打通大脑到神经末梢的神经网络一样，可以快速地响应并落实企业的成本战略。

成本制度建设

成本制度建设的本质是解决成本管什么的问题，即成本组织里的相关部门、人员的职责问题。谁该干什么？什么不能干？奖惩有哪些？例如，研发部门要关注产品设计的简洁度、产品的可制造性、选型的可替代性、项目的研发效率等，器件部门要考虑器件的优选归一、器件可靠性、器件可采购性、器件的经济性等，制造部门要关注制造费率、制造效率等，供应部门要关注计划（预测）的准确性、存货的合理性、供应布局等等。一般来说，制度不会告诉你怎么去做，但是，根据企业的成本战略规划，结合分层分级的成本管理组织来精心设计的成本管理制度，就像无形的指挥棒，会时刻牵引着成本组织里的相关部门、人员去努力落实企业的成本战略规划。有这么一种说法，看一个业务领域管得好不好，首先要看该业务领域有没有建立相关的管理制度，有时候，好的制度会自然催生解决相关问题的方法和流程。因此，企业的成本管理制度，一定是根据企业的成本战略规划，结合成本管理组织的设置来精心设计的。

成本流程建设

成本流程建设的本质是解决如何管理成本的问题。比如，什么时候做？先做什么，后做什么？从标杆企业华为公司的流程建设经验来看，从野蛮生长到逐渐规范，他们用了十几二十年时间，而且现在仍在不断进化、完善。拓邦作为有志于打造成本领先能力的企业，积极学习标杆企业的流程建设经验是必需的，但是绝不能照搬照抄。不少华为内部人士讲过，照搬照抄华为管理体系的公司不会有好下场。这个说法听起来有点夸张，但是没有错，因为华为的流程和体系是不断匹配华为自身持续壮大的综合能力的结果，没有华为的能力而照搬照抄其流程和体系，要么转不起来，要么硬转而给公司带来伤害。就像武侠片里经常演的，没有一定的武功根基而强行偷练上乘武功的人，大多会导致内伤或走火入魔。我们应学习标杆企业流程建设过程中解决问题的思路和刻苦钻研的精神，深入调研造成现状的根本原因，实事求是，对症下药，精心设计出符合拓邦客观情况的流程体系，拓邦的流程变革也正是基于这个思路做起来的。经过一年多的流程再造，IPD、LTC、ISC 等公司主流程初具成效，虽然暂时没有专门的成本流程，但是这些公司主流程的每一个节点都与成本息息相关，各成本组织、成本代表、相关业务部门，都应在公司的主流程中找到各自的关键成本控制点，并抓住这些关键成本控制点，跟随公司主流程先运转起来，从处理点的问题再到总结面的问题，进而根据需要在公司的主流程上建立相应的成本分流程。总之，流程建设就是边做边学习、进化、完善的漫长过程，持之以恒，就是流程建设者应具备的心态。

成本评价体系建设

成本评价体系建设的本质是解决成本管得怎么样的问题。决策是否有效？过程是否可控？与自己比是否有进步？与同行比孰高孰低？与目标比有多大差距？研发、制造、采购、供应等各业务领域分别表现如何？每一个问题的回答都是一个评价模型，每一个评价模型都涉及评价的标准和方法、数据的输入和输出，而每一个标准、数据的获得最终都离不开业务流程数据。每一个评价模型的建立，都有赖于相应业务流程的完善和相应业务数据的规范和积累，不是想评价就一定可以评价的，巧妇难为无米之炊。因此，流程体系的建设过程，也应该是企业数据地基的打造过程，需要精心规划设计。当然，每一个评价模型的数据输出，最终也应回到业务来指导和改善业务。

成本文化建设

成本文化建设是通过一系列的宣传、活动，向大家宣导、推广相关的成本制度、流程、方法和案例，使关注成本成为各岗位人员的工作习惯，在企业内部形成追求效率、杜绝浪费的氛围，是推动整个成本管理体系有效运转不可缺少的润滑剂。同时，成本文化建设也是企业文化建设的一部分，它源于企业创始人的理想抱负，也源于每一位岗位奋斗者追求美好生活的动力。打造企业领先的成本能力，就是实现这一切美好期许的有效途径。

企业成本管理体系的五大基建，没有捷径可走，它基于企业自身特点一砖一瓦打造，也随着企业的成长不断进化、完善。各业务领域的每一位奋斗者，都是这五大基建不可或缺的建设者，每一位奋斗者的持续努力，终将推动成本领先成为企业的核心竞争力。

延伸阅读4

质量的飞越，让我们赢得更多
——微电事业部喜获2008年度九阳、苏泊尔最佳品质奖

（微电 BG　张工）

2009年4月份，微电事业部喜获2008年度九阳、苏泊尔最佳品质奖，可谓双喜临门。回顾2008年走过的风雨历程，我们感慨，我们自豪。当

微电事业部马伟总经理亲手接过这两个奖杯时，在荣幸与自豪之余，我们也知道，2009 年我们要做得更多。

2008 年初，我们扛住了 2007 年市场冷清所带来的压力，首月生产产量就大幅度增加；年中，我们保持住了持续生产的势头，月均产量超过40万套；年底，我们顶住了金融风暴的动荡，很好地完成了年初定下的计划。整个年度，我们生产的产品在客户端表现良好，上线合格率超过99.5%，获得了客户和市场的认可。

2008 年发生很多大事，但在微电事业部最大的一件事就是由以前的大组织大部门，经过资源重组后，在保留原有主力产品的基础上重新进行划分。微电事业部在进行一系列组织架构调整后分成了几个产品中心，电磁炉产品中心就是其中的一员。拆分后的各个产品中心，任务更加明确，分工更加明细，责任也更加重大。良好的组织架构带来的是精细化的管理和工作效率的全面提升。这些从我们的生产能力及品质控制上可以看出来。

生产能力方面：2008 年电磁炉产品中心共生产 500 万套左右产品，而产线一直只有 6 条，也就是说对效率的要求要比往年高出 25 个以上百分点。在生产如此多产品的同时，产品品质还必须不断提升，以保证在竞争激烈的市场中占得优势。

物料成型小组是套料上线前的后勤保障，他们的职责不仅是要把来料加工成生产线方便使用的形状，更重要的是要确保套料齐全、数量准确。不同客户对物料成型的要求也不尽相同，工程人员要跟设备人员共同讨论，制作出各种简单、实用的工具，一方面可以提高速度，另一方面可以保证尺寸精确。

工艺改善方面：详细的工艺流程确保了生产的顺畅。针对每一款产品，工程人员都会制作出 SMT - AI - DIP 的详细工艺流程图，并标出偶尔出现不良品的处理路线，让整个生产一气呵成。跟线技术员在巡线时，及时解决产线发生的异常，必要时反馈给研发人员，或者采购人员。如果涉及客户，跟线技术员会立即通知销售人员跟客户沟通解决。

工艺改进与创新是生产主管周工在2008年不断强调的工作中的重中之重，它不仅决定着效率是否能取得突破性的进展，还是品质提升与稳定的最重要因素。聚丙烯电容、扼流电感脱焊的问题，我们一直在讨论，2008年终于全面导入了弯脚工艺，期间还尝试过铆钉工艺，后面因为成本原因而搁浅；感应键由于引脚太长太锋利，不利于上锡，运输过程中还有可能刮坏其他板和元器件，于是我们研究出了弯钩工艺，在得到领导的认可后，迅速全面导入，另外，还更改了包装方式；针对按键浮高与进漆、定位器进漆的问题，我们联系供应商出谋划策，自己再改进油漆配方和毛刷形状，并对刷漆工位的工人进行了教导；为了解决排线看不见的连锡问题，工程人员采用了最合适的锡丝，同时还设计出了测试工具等等。工程团队团结一致，成立各种专案小组共同攻克难题，将优秀的解决方案写进工艺流程，不断巩固进步。

耐心的作业指导对员工的技能提升大有裨益。2008年九阳和苏泊尔的订单比较充足，生产部选出了两条专线，二线专门生产苏泊尔主控板，三线专门生产九阳主控板，工程人员按照客户的不同工艺要求，上线辅导，直到员工能熟练操作。工程部还制定出了KPI考核办法，从5S、品质、效率、工单达成率、物料损耗、辅料节约六个方面，对产线进行全面把关，营造产线自发生产的良好氛围。

周密的品质管控把关任何一个疏忽可能造成的品质隐患。IPQC监督上线套料的正确性、工装治具的齐全性。在生产过程中，我们按照稽查表，杜绝产线可能造成品质问题的不良习惯、制程遗漏等。对于发现的新问题，工程人员找出解决方法后加入IPQC稽查项目，重点防范。QA对产线生产出来的成品连续不断地进行抽查，一旦发现超出可接受范围的问题产品，就坚决要求产线返工。最后，我们还建立了入库前少板检查机制。

我们的品质目标是：只让足数良品送到客户端。

而在品质控制的供应链环节，谨慎的物料供应是基础，细致的指导是提升。

对于新引进的物料，开发部门会进行层层把关，对物料的产品特性及各项参数做全面而细致的验证工作；对于新引进的关键器件的供应商，采购部门也会充分调查供应商的背景，确保供应商符合公司的相关认证要求。

同时，对供应商的选用我们还建立了一整套严格的审核流程，然后再对通过审核的供应商进行持续的辅导，改进不符项目，使之贴合我们的要求。比如，小量试用其供给的物料，并在实验室进行严格的验证，由工程人员跟踪结果。在是否同意批量使用之前，必须得到由销售人员确认的客户端的书面反馈意见。

从前端到后端，从生产到销售，我们在做好量的同时，更加注重品质。2008 年的成绩虽然还不足以让我们骄傲，但是我们初步完成了生产主管周工提出的“不但提高生产效率，同时工艺要指导生产，保障品质”的目标。

2008 年，我们在学习中前进，在探索中成长。我们不仅赢得了利润，同时也赢得了客户的信任，大大增强了我们将电磁炉在原有基础上做大做强的信心。

2009 年我们的任务更加艰巨，金融风暴对内地小家电产业的影响尚未结束，电磁炉产品的市场需求量也不像 2008 年初那么旺盛，而客户对于产品品质的要求则比上一个年度更高，这让我们的压力更大。我们拿到的奖杯，是一种鼓励，也是一种鞭策。如何让客户在 2009 年更加信任我们，如何让我们产品的市场占有率更高，这都是让我们前进的动力。

产品质为先，经历了 2008 年的风雨洗礼后，我们有理由相信，在 2009 年我们会做得更好。

延伸阅读 5

改善无止境

——G 客户产品降本提效改善项目

（电控 BG　何工）

2020 年 6 月份，G 客户转厂项目正式批量投产，100 多款新品订单要实现量产，时间紧，任务重。由于产品工艺和人员熟练度等问题，我们面临诸多难题：①产品结构特殊，点胶工序多，点胶工艺不成熟（特别是黄胶）；②扩线速度快，人员补充急，熟练度低；③手工作业多，生产效率低，品质稳定性差，如端子、按键都是焊接和点胶，二极管是手工热缩；④相似机型多，混料混板风险高。

为了支持客户做好转产规划，我们必须通过改善来满足客户的工艺和效率要求。6 月份我们总效率完成率为 63.3%，9 月份要提升至 90%；加工费率偏高，我们的目标是比原来下降 20%。为此，我们迅速成立了降本提效改善专项组，成员涵盖 PE、IE、生产、设备、品质、精益，每个模块都明确了各自的工作职责。

经过因果分析，我们发现我们在人、机、料、法、环方面都存在不足：

人：点胶手法不统一，点胶差异大；新人多，熟练度低；焊锡、点胶技能差。

机：自动化程度低，按键板点胶、套管热缩、电池端子焊接及点胶都是人工作业。

料：醋酸胶布片装来料成本高，作业不方便，硅胶存在黑胶、灰胶现象，影响设备调配。

法：FCT测试时间长，线体平衡性低，形成瓶颈；订单种类繁多、更换线频繁。

环：热风枪热缩套管温度高，员工容易疲劳。

针对以上问题点，大家一起头脑风暴，讨论各种解决方法，最终将问题各个击破：

（1）针对电池端子人工焊接的问题（改善前每款产品需4～5人焊接，虽人多，但效率低，且品质无法保证），我们通过导入自动焊锡机，每款产品预计可节省2人。

（2）针对电池端子焊接后需要点黄胶防水的问题（改善前采用人工点胶，每款产品需5～6人点胶），我们通过导入自动点黄胶设备，每款产品预计可节省2人，点胶品质一致性提升。

（3）针对醋酸胶布片装来料成本高，人工作业撕胶不方便，动作浪费大的问题，我们将片装改为卷装，材料成本下降了59%，同时导入胶布分离机，作业员可直接取胶布作业，降低动作浪费约1S/块醋酸布。

（4）针对冲击钻环测试时间长的问题（改善前主板测试时间为84秒，效率低），我们通过优化测试项目，测试时间减少至54秒。

（5）针对换线频繁问题，我们通过订单合并、定线生产等方式，使换线次数下降了30%。

（6）针对电锤环机型标记打点问题（前段打“A”标记，因清胶工序贴醋酸胶布而被遮挡，需重新再打1次，浪费工时），我们通过重新确定前段打“A”标记位置，减少了1次打标动作。

经过3个月的共同努力，我们的加工费率下降了22%，超额完成任务，总效率由6月份的63.3%提升至92.4%，圆满达成改善目标！各项改善合计节省超过120万元。

改善无止境！尽管专项改善的目标已达成，但我们的改善脚步并未停止。我们在材料及设计、工序、效率等方面仍在持续改善！

延伸阅读6

DFM 自动化分析工具的导入与应用

（智能制造中心　戴工）

DFM，即可制造性设计，是 DFX 中的一个环节，是一种优化产品设计的方法，同时也是一种先进的设计理念，主要是将制造专家的有关知识和经验，以及所在行业的各种标准整理成具体的设计准则，然后在这些准则的指导下进行产品设计，使得从产品开发设计时起，就考虑到可制造性，使设计和制造之间紧密联系，实现从设计到制造一次性成功的目的。它能够有效缩短开发周期，降低成本，提高产品质量和可靠性，有利于生产工艺的标准化和智慧资产的保护，同时有利于技术转移，简化产品转移流程。

随着拓邦大客户战略的深入推进，大客户市场在对新产品导入效率与产品品质有着更高要求的同时，还要求缩短新产品上市时间，而且拓邦内部研发设计人员、生产制造人员也希望产品在投入生产前能及时发现并解决与设计相关的问题，从而提高“新产品设计→试产→量产”的一次性成功率。而在大客户战略推进初期，拓邦新导入产品投产前的工艺审核方式是人工目检方式，这种方式虽可拦截大部分研发工艺与可制造性问题，但也可能因视觉疲劳出现漏检。此外，部分装配问题也很难通过目检方式发现，往往要经过多次前后端评审来发现问题，而且在评审过程中还会因评审人员经验与评判准则的不同而产生争议，评审工时也将拉长，从而影响新产品导入进度。DFM 分析软件导入需求在此背景下应运而生。为更好地推进 DFM 软件的应用，公司成立 DFM 软件导入专项项目组。

DFM分析软件在工业行业应用较早，汽车电子、手机通讯、服务器等电子行业巨头对其的应用更为普遍。DFM分析软件应用逻辑是通过提交PCB设计数据与BOM数据，并根据元器件3D实体库虚拟仿真组装后的PCBA，同时调用设置在DFM软件的光板分析规则、组装分析规则对PCBA的元件间距、走线、过孔、丝印等做检查分析，可实现在PCB设计完成时即可发现设计疏漏的可制造性问题，并自动生成DFM分析报告。

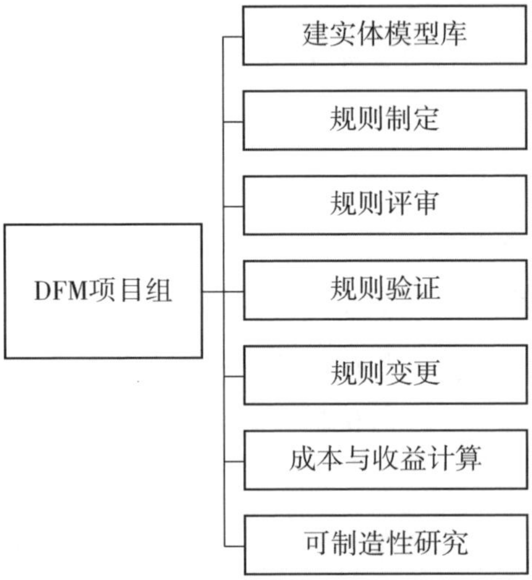

图5-22 DFM项目组工作职责

DFM分析软件的应用基础有三大部分：一是元器件3D实体库，二是DFM规则库，三是规范的BOM数据与PCB数据。其中，元器件3D实体库是DFM精准分析的基础，为提升元件分析的覆盖面同时节约建库周期与成本，项目组筛选了公司近3年的活跃器件优先建库，日新增元器件当日建库，以此满足DFM分析需求；DFM规则库是DFM分析判断的准则，是DFM分析软件的大脑，需要根据公司产品及部件的各项需求参数、元器件特性、标准与成本、公司现有生产能力、设备加工能力和加工成本、行业内国际标准以及公司自己的经验来总结并形成具体的、可量化的规则库。

2021 年，DFM 项目组主要构建 DFM 自动化分析应用平台并建立活跃器件 3D 库、DFM 规则库，到目前为止，一共建立了 2 万个活跃器件 3D 实体库，元件分析覆盖面达到 80% 以上；内部组织评审并量化出 350 条 DFM 规则条目，规则检查全面度、深度远超人工目检。从 DFM 分析报告结果来看，DFM 分析软件确实有着纯人工目检无可比拟的优势。比如，对主件和替代实际物料规格差异、AI 件与贴片器件干涉、PTH 插件孔环宽尺寸等进行检查时，要求目检人员对物料规格要求、生产设备能力要求、生产工艺要求都有相关经验，同时还要求目检人员在检查时注意力高度集中，否则容易出现漏检、误检。

2022 年，拓邦加大了 DFM 自动化分析工具应用的力度，由 DFM 项目组统一制定 DFM 分析工具推广策略、规则优化策略。到 2022 年底，已有 80% 的 ODM 新产品在 PCB 设计阶段应用 DFM 自动化工具辅助分析；在用 DFM 分析规则有 1239 条，其中，零件分析规则 981 条，焊盘分析规则 70 条，引脚与焊盘分析规则 58 条，BOM 分析规则 11 条，可实现替代料、零件干涉、焊盘间距、元件与安装孔、波峰焊元件方向、元件极性标识、立碑、光学点识别等工艺问题自动化分析。

2023 年，DFM 项目组将加深 DFM 规则优化程度并逐步推广到 OEM 产品上，为 OEM 客户在商务洽谈阶段提供可靠的可制造性分析评估报告。

DFM 是一项系统工程，DFM 自动化分析工具应用的过程既是追求产品 PCB 设计最优的过程，也是公司 PCB 设计准则标准化、工艺评审标准化的过程，更是公司智慧资产沉淀的过程。我们将持续加强对 DFM 思想理念的理解与传播，加强对先进工具、方法的学习与应用，将 DFM 工程往研发设计、采购前端延伸，在新产品设计构思阶段，将电子物料选型、生产工艺路线选择、生产成本等因素都考虑在内，更全面地实现 DFM 可制造性设计。

第六章　组 织 进 化

在以客户为中心的思想指引下，当我们的战略目标明确后，我们就清楚我们要去攻克的市场，以及我们要打造的竞争力护城河。如何保证战略目标的实现呢？我们认为组织流程和人才建设是关键，它们将打通公司发展的任督二脉，构建起强大的组织能力，并激发员工活力，支撑组织战略目标的实现。

全流程打通，打造以客户为中心的流程型组织

1. 唯有变革不止，企业才能可持续发展

“变”是适者生存，物竞天择；“变”是理所当然，形势所迫。变革是时代的要求，是适应环境变化和市场竞争的需要。面对未来，唯一能确定的是，未来是不确定的，面对变化，能够根据市场的变化时刻变革的企业才能基业长青。

拓邦是一个自循环、自生长的有机生命体，能够快速适应外部环境变化不断成长。回顾拓邦的发展历程，我们发现，它在发展的同时一直伴随着大大小小的变革。

最早的变革可以追溯到 2003 年，在公司业务急剧扩张的情况下，公司内部的沟通不畅、交付效率降低等问题亟待解决，为了更好地满

足客户的交付要求，我们在2003年将研发和销售捆绑在一起，分成三个项目组，采购、制造、品质等平台公用；紧接着，2005年，微电事业部完全独立出来，成为一个完整的事业部，研发、销售、采购、品质、制造一条龙；2007年，伴随着公司的上市，大家电和小家电两个事业部也完全独立出来，公司的三大传统PCBA事业部初具雏形。组织变革使公司响应和服务客户的速度、品质得到很大提升，产品线竞争力得到极大加强。刚拆分的时候，每个事业部的产值只有几千万元，现在大的已经做到20多亿元了。

2004年，为了提高公司后端品质和制造的平台能力，公司外请了韩国的专家来做精益生产的变革，当时叫“革新”，这次变革持续了两年左右，对后端能力提升起到了一定作用，也给我们带来了一些新的思想。后来，微电事业部还专门做了“关于伊莱克斯的品质体系”的变革，让微电事业部的整个交付能力得到了很大的提升。

2007年公司上市之后，由于部分头部客户开始自建工厂开发和生产控制器，加上公司面临着业绩增长的巨大压力，于是，我们进入了战略探索期，并制定了新的发展战略——同心多元化战略。同心是指以智能控制器为核心，多元化是指做很多自己的成品品牌，以助力公司整体业绩的腾飞。因此，在公司上市之后，我们也尝试了一些新的领域，如安防、LED、新能源、移动电源、数字电视、导航仪等等。同心多元化战略持续了7年，最终，有的业务发展和成长起来了，有的业务失败了，但是，拓邦向前发展的步伐一直没有停止。

在2012—2014年的3年时间里，公司的整体业绩增长放缓，营业收入始终无法突破10亿元大关，为此，公司和各事业部都在思考如何突破这一瓶颈。2015年，公司邀请了华夏基石董事长彭剑锋来公司进行《中小企业如何突破发展瓶颈》的两天一晚的培训，当时经理及以上级别的人员共40多人全部参加培训，并且在培训结束后组织公司高层和核心骨干20多人进行了拓邦未来如何突破成长瓶颈的落地研讨。

在自我沉淀的基础上，通过与外部咨询公司的共同研讨，我们对战略方向重新进行了思考和定位，并确定新的战略目标——智能+，即拓邦要成为智能社会智能化方案的提供商！这是拓邦新的战略定位。成为智能化领域的世界级企业！这是拓邦新的战略目标。调整后的战略我们称之为一体两翼。一体：聚焦智能控制器；两翼：高效电机+锂电池。这次调整看似是一次战略的调整，实则是一次思维的变革。以前大家总想着“有多少钱就买多少米多少菜回来下锅”，当你没有目标，没有清晰的战略时，就会走到哪算到哪，最后就会迷失方向，变得很平庸。但这次咨询过后，我们意识到了目标牵引的作用，我们提出了愿景：成为全球领先的受人尊重的智能控制方案提供商。同时，也明确了我们的使命：用智能控制技术为客户提供价值，使人人受益。自那之后，公司进入了一个快速发展期，营业收入以每年30%的复合增长率在增长，且一直持续至今。

方向和目标确定后，如何达成目标，就是摆在我们面前的最大问题。华夏基石为我们做战略咨询后我们的战略方向是清晰的，但也是粗线条的，只是一个大的方向，具体如何做，还需要进一步细化。因此，2016年，我们又邀请外部咨询公司来为我们做战略澄清和战略解码。

同年，为了进一步提高研发的成功率，解决研发投入产出比不高的问题，公司启动了IPD变革项目，希望进一步提高我们的新技术或新产品商业成功的概率。项目运行几年下来，我们对IPD的认识更加清晰了。研发是一种投资行为，IPD可以分为0～1的大IPD和1～N的小IPD。对于客户已经非常明确的开发需求，我们称之为小IPD，我们按照项目要求去实施就能满足客户需求；而对于一些新项目、新产品，我们就按照大IPD的流程进行调研、评审，层层下来，研发的成功率就可以大大提高。

之后，在2017年，我们又进行了ISC变革，为的就是改变供应链在执行客户需求时的被动局面。我们深知供应链在公司未来发展中的战略地位，因此必须求变。我们尝试过从供应商管理到IT工具的升级，再到人员能力的提升，虽有些许成果，但总觉得不能彻底解决问题，最后我们接触到了ISC，开启了一场供应链体系（组织+流程+表单+IT系统）的大变革。如果把供应链发展的成熟度与阶段划分为响应型供应链、预见型供应链、整合型供应链、需求驱动价值供应链、智慧网络供应链等，那么通过ISC变革，我们已经实现了从响应型供应链转为预见型供应链的转变，并向整合型供应链迈进，这一变革仍在进行当中。

如果说IPD和ISC都是为了建设组织的局部能力的话，那么在2020年开展的以客户为中心的流程型组织再造便是公司面对客户需求进行的整体性的组织能力打造的变革，从战略往下贯穿，从客户往内部贯穿，整体性更强。在进行IPD和ISC变革的过程中，我们逐步意识到流程对企业运行的重要性，流程的质量决定了公司业务的质量，如果流程没有设计好，就会产生大量的浪费。我们希望能够系统性地看待这个问题，加快我们的速度，让组织更有效率。从战略管理角度来看，“人先于战略，战略先于流程，流程先于组织”，所以在战略导入和解码之后，流程再造的变革是非常有必要的。

通过此次变革，我们梳理出了公司运行的八大流程，并开启了又一轮新的组织变革和绩效变革，对流程和组织进行了重组，减少了决策层级，确定了每个组织的使命和愿景，让大家真正知道自己的责任，各司其职。同年年底，部分事业部变成了一级平台，在下面成立了多个CBU，这些CBU就是铁三角作战单元。这次变革一共诞生了40多个CBU，诞生了40多位总经理。我们坚持“尊重人性、了解需求、给予机会、发挥价值、共同发展”的用人理念，让更多有远大抱负、使命感和内驱力，具备市场洞察能力和决断力，富有战略管控能力和勇于付出的优秀人才走上管理岗位。同时，我们加强了干部队伍和关键专业人才队伍建设，整合优秀资源，形成合理的人才结构，促进员工价值实现，让公司与个人共同发展。随着组织能力的提升，组织红利也逐渐体现出来，这将会成为公司最大的财富。

2021 年，是铁三角组织运行的第一年，也是磨合的一年，未来，组织如何顺畅地运行、KPI 如何设定等等，还需要我们不断探索研究。

2. 打造以客户为中心的流程型组织

流程不是简单的工作程序、工作连接或者工作规范，而是实现客户价值的活动连接。它是一个“以客户需求为输入，以完成客户需求为结束”的端到端的过程。这个端到端就是从客户需求来，到客户需求去。

我们通过两个小案例来阐述流程的重要性。一个是丰田的参观流程，另一个是优衣库的经营方式。我们参观丰田的感受，首先是行程安排非常合理。参观路线全程长达 3 公里以上，分为 3 段，每一段中间间隔 1 公里左右。参观团的大巴按预约时间到达工厂门口时，接待员跟车来到第一个参观入口，参观团下车后直接开始第一段参观行程。一段行程结束后，参观团在出口处直接上车，去下一个参观入口，全程无等待，整个参观过程非常流畅。其次是一个员工即可轻松完成全部参观接待任务，因为大部分介绍内容已经做好多语种录音，每到一个参观点，接待员只需要按一下语言选择按钮就行了，整个接待过程非常高效。

优衣库的经营方式跟流程有很大的关系。柳井正首先做了产品定位。他把衣服分成 4 个类别：fashion 类、贴身内衣、外套和基本款。基本款的衣服是男女老少通用的，它跟品味、喜好、性别、年龄关系不大，是百搭的衣服。柳井正选择的核心是基本款。做好基本款的定位之后，他采取了三个方面的改革。第一个是价值和价格定位。他将价值和价格定位为：物美、价廉，定价在 1900 日元（人民币 130 元）左右，且坚持了几十年。第二个就是销售流程再造。那就是不推销，让客户自己挑选，当客户需要的时候，适当做一点点服务就行了，省掉销售行为。第三个是在库存管理方面有自己的一套特殊流程。优衣库新款服装的上市时间会比别人提前至少一个月。为什么提前一个月？那是因为如果卖不出去，就可以提前一个月进行促销，做到不产生库存。柳井正这套流程的核心理念可以总结成一句话：不生产、不销售、不运输任何一件无用之物。

拓邦从一家小公司发展到中型公司，内部流程变得越来越长。过去，到客户端拿项目的人，往往就是项目负责人，他会把客户需求搞得很清楚，回来后立刻安排研发部门进行开发，并安排交付，整个流程下来身兼多个角色，又是研发人员，又是销售人员，可能还是交付人员，客户需求通过一个接口就能达成。但是，随着公司和组织的发展壮大，现在已经有专门的人员了解客户需求，销售人员收到客户需求后，要找销售领导的审批，审批通过后再去找研发人员，通过研发领导传递给研发工程师，过程特别长，中间如有变化就又要重复一遍，流程很复杂，不敏捷，信息容易失真。这还只是其中的一个流程，此外还有交付、质量等很多流程。过去可能找一个人就能办好，现在可能要找很多人，反应迟缓，这样客户就不方便了，服务客户的质量就下降了。

客户的需求牵引着公司的发展，我们所有的工作其实都是围绕客户需求来展开的，这是企业发展的方向和驱动力。驱动公司满足客户需求有两个抓手，一个是流程，另一个是组织，通过流程和组织把大家的工作串联起来，高效地完成任务，满足客户需求。

因此，业务决定流程，流程决定组织，绩效匹配组织，文化匹配业务流程。打造流程型组织最核心的逻辑是以客户为中心，不断地去改变那些不适应客户需求和市场需求的流程，建设能满足客户需求和市场需求的组织能力。我们所有的变革都应该围绕客户需要、市场需要、战略需要来实施。战略是我们主观的选择，我们战略选择了市场和客户，就要为他们匹配资源、建设能力和业务流程。

流程再造是公司发展到一定阶段的必然事件，它通过提升公司竞争力和运营效率，最终更好地服务客户。它是企业螺旋式上升的一个新的突破，就像蝉通过脱壳获得新生一样，流程再造相当于是公司的二次创业。

3. 八大流程重新定义企业管理

围绕“客户更加满意，运营更加高效，规模可持续增长”的发展要求，拓邦打通了企业管理及全业务流程的奇经八脉，在端到端流程结构下匹配了相应的组织。

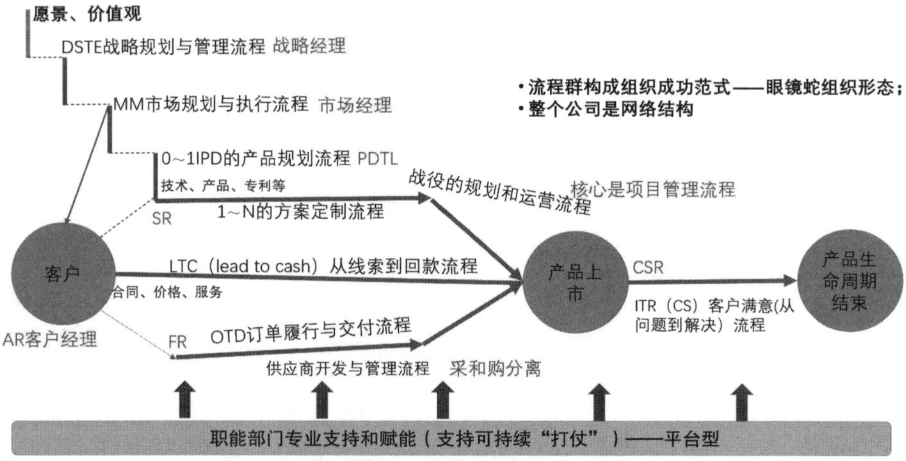

图6－1 端到端流程结构下的组织

（1）小前台、大中台、富后台。

通过流程变革，我们把公司的组织分为了前台、中台、后台。CBU 是公司的前台，就是我们常说的铁三角组织，它的特征是快、灵活，就像一个创业型的公司一样，需要全身心投入，快速地去抓住机会，并转化为成果。中台是指 BG 中为前台提供研发、市场、交付等支撑的平台，它的特征是稳、专业。后台是指公司的职能平台，比如，战略、人力资源、财务系统、流程与数字化、集成供应链等，它的特点是专业、可靠，既把握大的方向，又给前台和中台提供服务。如果把前台比喻成海上作战的飞机的话，那么中台就是承载飞机的航母，后台就是航母的港湾基地。

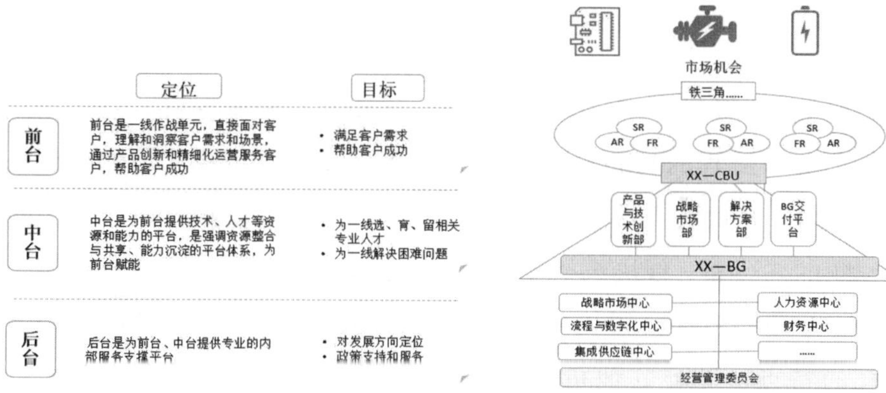

图 6－2　前台、中台、后台的定位及目标

（2）小前台——利润中心的诞生地。

前台是一线作战单元，直接面对客户，理解和洞察客户需求和场景，通过产品创新和精细化运营服务客户，帮助客户成功。

拓邦所处的智能控制器行业，是一个市场相对分散、机会点很多的行业。在未来社会不断走向智能化的趋势下，拓邦一直在思考要成为一家什么样的公司。凭借先天的技术和条件优势，拓邦希望成为多个细分市场领域的龙头企业。2020年，为紧贴公司的市场结构，做大做强家电、工具、汽车电子、工业控制、锂电等多个细分市场领域，拓邦果断地对原本的事业部模式进行了组织变革，形成了41个CBU，每个CBU都为一个市场机会而诞生，每个BU都是拓邦的利润中心，是推动拓邦未来增长的发动机。

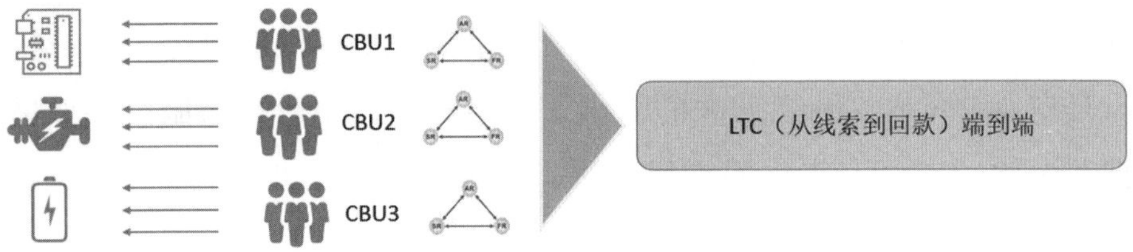

图6-3 LTC（从线索到回款）流程图

有了BU组织后，为了让BU高效运转，不断变现机会点，拓邦进行了LTC流程的核心变革，并绑定AR、SR、FR铁三角配合的高度利益体，从而实现端到端拉动营销资源、研发资源和供应链资源。铁三角的并行和一线决策权限的下放，让BU的LTC流程变现不停加速。铁三角要根据公司战略要求捕捉市场机会，同时也可以发挥其机动的特点，捕捉其他机会点，这或许也可以上升为战略层面的业务。

（3）大中台——专业的中台。

中台是为前台提供技术、人才等资源和能力的平台，是强调资源整合与共享、能力沉淀的平台体系，主要为前台赋能。

CBU的组织形态有利于在复杂的市场竞争中快速解决问题，但是拓邦毕竟也有数十亿元的体量，如何既能灵活又不失专业呢？有人在前方打仗，就要有人在后方养兵并输送炮弹，在此情况下，公司在BG内部建立了平台支撑部门，一方面让平台不断地为BU前线输送人才去战斗，另一方面平台复用专家来解决各种疑难杂症，让 BU 只想着一件事，那就是不停地进攻，需要援助时可以呼唤炮火。

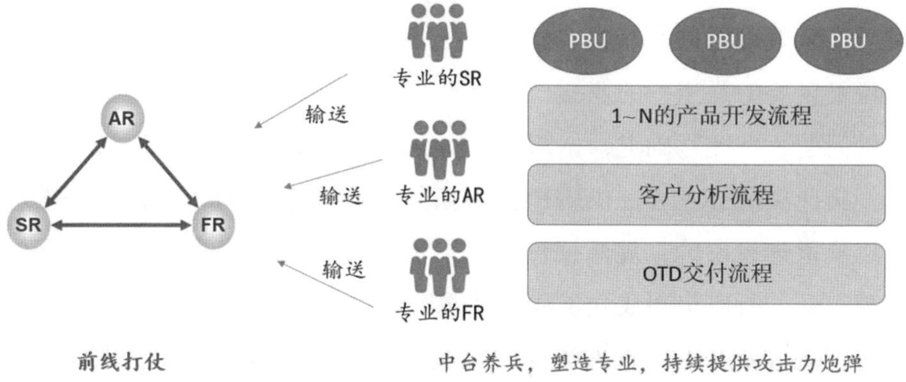

图 6－4　中台为前台赋能图

PBU 以产品为核心，拓邦最终交付给客户的是产品，一个 PBU 可以对应多个 CBU，在 CBU 需要产品的时候，PBU 就可以及时向他们提供已经准备好的有竞争力的产品。当 PBU 成为利润中心后，就可以同时拉通客户和产品两条线。为了提升 PBU 的竞争力，我们裁剪适配了拓邦的 IPD 流程，做到产品开发以市场为核心，端到端地考虑研发的商业价值变现问题。

1～N 的产品开发流程解决了在现有技术或者产品上为客户重新开发优化的有序保证问题，通过贯穿始终的需求管理，让产品开发能够兼顾速度和质量，毕竟拓邦一年有上千个 1～N 项目，1～N 的又快又准极大地提高了公司的订单转化率。

OTD 交付流程让交付变得有序，让预测变得准确，让我们可以更好地与客户沟通交付需求，提升交付速度和客户满意度。

大客户分析流程为 AR 的进攻打开了更远的视角，让产品、销售、交付等策略全方位作用于客户。

（4）富后台——赋能中心。

后台是为前台和中台提供专业内部服务的支撑平台。

有了前台、中台后，公司的治理和更远的战略方向的聚焦，以及规模运营效率的提升，就需要后台发挥整合和布局效应了，毕竟对BG来说最重要的是当下的业绩，后台要赋能BG解决投入成本大和长远增长的问题，在此基础上，拓邦摸索出了自己的模式。

集成供应链中心。供应链作为拓邦较有竞争力的一环，规模效应可以换取规模议价，规模议价可以形成拓邦成本的规模优势和利润的规模上升，所以集团成立了战略采购组织，不断通过整合各BG的物料和进行供应商开发、管理流程的优化落地来从器件、采购、供应商等多环节进行协同，同时配合拓邦的规模采购，获取更优的价格、更好的服务以及更稳定的品质。

中央研究院。在坚持技术具有价值的核心价值观下，拓邦每年将利润的7%投入到研发上，并成立了中央研究院，结合市场和客户需求专门研究储备核心技术，为BG赋能，也为新的业务模式预研。

战略与Marketing中心。在坚持主航道的过程中，战略不断澄清我们的业务方向，让我们保持着拓邦的发展节奏，聚焦核心控制点的壁垒打造，同时成立市场委员会和市场部，不断洞察新的市场变化、技术趋势，并通过灵活的决策，让进攻更具有组织感，让拓邦对于新机会中是否需要建立新的CBU决策变得越来越科学，商业敏感度越来越高。

……

4. 打造“一条龙经理+一条龙团队”组织

流程变革的目的是将拓邦作为一个整体来对客户的价值负责，是一个全局性的改造。它有几个很关键的地方：第一，帮助我们辨别哪些流程需要再造。流程很多，但实际上主线流程并不多，如LTC、IPD

等。第二，强调要有一个 owner，负责资源分配和流程变革的推进。第三，可能是整个流程再造里面最关键的点，涉及人才培养，即培养一条龙经理。一条龙经理是把握整个流程的价值创造、绩效评价、组织体系的关键角色。最后是全员参与。

流程变革的难点在于：首先，变革的内容是不是把握到了市场的需求，这就要求我们的战略流程要准确。其次，人是变革的载体，流程变化后，人员对于变革是否能达成共识，以及能力能不能满足要求。变革会带来组织结构上的变化，也会和一些传统的管理理念和手段产生冲突，甚至会造成一些利益的再分配，在这个过程中，会有人拥抱变革，也会有人抱残守缺。第三，新梳理出来的流程能否固化下来，并持续实施。最后，流程变革需要信息系统，甚至组织系统和绩效系统的支撑。

面对变革，人的本能往往是抗拒的，第一反应可能是刺猬理论，先缩起来，和大家保持距离；或者是鸵鸟政策，把头埋进沙子里面去，以屁股面对事情。因为变革将会带来不确定性、职位变化等。人是利己的，当公司提出要做以客户为中心的组织型流程再造的时候，很多人虽然表面上认可，但内心可能是彷徨和忐忑的。没关系，这是正常现象，只有我们认识到这是正常的，我们才能适应变革，才能从理解变革到接受变革，最后拥抱变革。

我们的 J 客户在 2019 年作出了 PCBA 国产化的战略决策，经过一年多的方案比对之后，J 客户最终从众多竞争对手中选择拓邦作为 PCBA 国产化的战略合作伙伴。由于这是个跨 BG 合作项目，电控 BG 负责前端，电气 BG 负责后端，这种相对标准的职责划分，让大家开始时并不觉得是一个团队在作战，但在一条龙经理的主持下，随着项目的不断推进，大家形成了一个共同的目标，那就是成就客户，为公司创造价值。在这样一种机制和氛围下，大家实现了团结协作，壁垒自然就被打破了。

对我们的员工来说，努力在实践中学习、磨砺，最终成长为一条龙经理，把控价值链、重塑价值点，可以作为一个发展方向。但是，如果现在能力还达不到一条龙经理的要求，也要有一颗变革的心，积极参与变革，配合一条龙经理，做力所能及的事情。流程再造应该是一个团队围绕流程进行价值探讨分析，创造对客户的价值最大化的过程。在参与变革的过程中，大家可以看到我们确确实实在为客户、为智能终端使用者创造价值，并且在绩效体系上也给予了相应的体现。它将打破部门墙，探索出一个更好的、更优化的组织形态，这相当于拓邦企业文化的一次再造，让那些主动寻找价值、创造价值的人更有市场。

5. 优化内部管理，提升运营效率

目前，流程变革已取得了阶段性成果，流程框架已经搭建起来。接下来，便是在公司战略的指引下，针对每个流程进行落地工作。比如说战略流程，在组织层面，我们瞄准了六大模块（家电、工具、锂电、工业、新能源、品牌），并成立了对应的 IPMT，有组织、有保障地去对市场进行充分调研、洞察，再把信息反馈到战略流程里，为公司战略洞察做输入；在绩效层面，我们通过对 LTC 流程的各个环节制定绩效考核方案，保证我们的战略落地。同时，通过 IT 系统的支持，实现自上而下对战略落地的监控和管理。LTC 流程也一样，人力资源中心开始主推的是 CBU 的组织建设，再加上职位梳理和任职资格认证，把人才配对好，这样既有组织，又有人才，再加上绩效牵引，就能保障流程的落地实施。

通过流程变革，拓邦的战略更加清晰了，逐渐由财务管控型战略转向战略管控型战略。从某种意义上来说，拓邦更注重长期效益，更注重中长期发展和更广阔市场的结合，注重主动选择。

从纵向上来说，我们的战略和市场强大了，产品创新能力就会更强大，从而使拓邦的核心价值再上一个台阶。未来 3 ～5 年，我们希望以战略为核心，把国内的组织打造好。从横向上来说，CBU 的形态非常灵活、分散，可以用更分散的组织形态去把握住一些更分散的机会，保证公司的快速成长。同时，CBU 的高效运作跟中台、后台之间的衔接也是一个重要课题，比如，跟中台研发、供应链、制造等平台的配合，这些都需要时间，需要里面的人坚持不懈地调整关系。

因为我们的组织变革推进比较快，中间还有很多地方需要调整。目前梳理的八大主流程，每个流程下面还有很多个子流程，这些还需要不断去完善、落地，通过标准化的方式，让流程更加清晰。当然，流程不是一成不变的，也没有完美的流程，它一定是在逐步完善的路上。因为随着业务的变化，或者人员的调整，组织和流程也要不断进化。

随着公司业务逐渐多样化，为适应不断变化的业务结构，促使各业务更快速地发展，我们将深化在集团管控与平台支撑下，不同业务自主运作、责权清晰、监管有效的经营模式，继续夯实流程再造的成果，围绕客户满意及运营效率提升，坚持将经营重心前移，积极转变中台、后台职能运作模式，同时持续推进数字化、智能制造、集成供应链等的改善工作，让不同的业务在公司平台上健康成长。

关键职位的人才建设，为发展持续提供动力

1. 完善干部管理机制，让拓邦良将如潮

（1）什么是拓邦的管理干部？

“干部”是舶来词，最早来源于法语“cadre”，后被日本引用意译成“干部”，是日语中的一个汉字词，字面意思是“骨干部分”。20世纪初，孙中山将“干部”一词引入中国。1922年7月，在中国共产党第二次全国代表大会制定的党章中，首次使用了“干部”一词。在中国共产党的“十二大”党章中给“干部”一词的明确定义是：“干部是党的事业的骨干，是人民的公仆。”

在本章节中，管理干部指的是在企业中担任管理工作的能够带领队伍促进企业发展的核心人才和关键成员。拓邦发布的《干部管理制度》把干部分为四个职级：

产线管理干部。产线管理干部指生产监督者，主要负责督导一线员工生产，提供技能指导和生产监督。拓邦的生产管理干部包括M2班组长层，统称M2。

基层管理干部。基层管理干部指业务监督者，主要负责督导一线员工或主管工作，并提供业务指导，以提升团队战斗力，统称M3。

中层管理干部。中层管理干部指经营管理者，主要负责某一个业务领域的工作，以及推动公司战略在该业务领域的成功落地。中层管理干部包括M4BU总经理层和M4总监层，M4BU总经理一般为某个BU的经营管理干部，M4总监一般为单系统管理干部，统称M4。

高层管理干部。高层管理干部指企业领导者，主要负责领导集团或某个BG，是方向指引者、文化引领者、最高决策者，一般为多系统领导者，统称M5。

“干部作为企业的发动机，在企业发展过程之中起着带动性作用，干部队伍健康，企业才会健康；干部队伍的理念正确，企业才不会偏航。”武永强董事长在干部管理制度宣贯会上如是说。

（2）拓邦管理干部的自我修养。

新时代背景下，干部被赋予了更多的使命与责任。作为拓邦的管理干部，首先要认同拓邦的企业文化。文化是企业的土壤，管理干部是否适应拓邦这片土壤，决定了这个管理干部在拓邦职业生涯的长短。其次要有带领团队持续为客户创造价值的能力。既然是管理干部，就不单是个人绩效突出，最主要是能调动团队的积极性，带领团队持续达成组织绩效目标，不然，就只能算是个能人，不能算是领导。除此之外，作为管理干部，必须要有公心。很多管理干部到最后不被团队认同，根本原因是这个人太自私。当一个人太自私的时候，就不可能将一帮人聚在一起。不论做什么都只想到自己的人，最好不要当领导，先人后己是当领导的基本条件。最后，在拓邦当管理干部，一定要有使命感。我们不强调军事化的管理模式，但是提倡管理干部一定要具备使命感，一个人有了使命感才能够真正做到为了实现组织愿景和目标而不断努力、持续奋斗。

（3）完善干部管理机制，打造干部发展链和成长链。

“为政之要，惟在得人”，干部队伍建设是企业人力资源管理的核心，以前公司对干部队伍建设不够重视，很多时候都是靠领导主观地选拔干部，人力资源部门做人才盘点和人员管理的时候也没有将干部和关键岗位人才作区分，缺乏干部管理的科学化和体系化，这些年走了很多弯路，也付出了非常大的成本。很多干部靠着自身的使命感和内驱力在公司成长起来了，但不是每个干部都有这种觉悟，他们需要有人辅导和关注，有人培育，这种培育本质上跟培养一名关键人才没有什么区别。

由于干部队伍参差不齐，整个组织的效能并没有完全发挥出来。这几年公司规模扩展非常迅速，这种规模扩展不仅指业务增长、财政增长，还包括在罗马尼亚、墨西哥等地不断进行海外布局，这种情况下，如何保证这么庞大的组织能够良性运作，保障总部与各个分公司、子公司文化的一致性，干部在其中发挥着举足轻重的作用。

毛泽东说，政治路线确定之后，干部就是决定因素。当公司的战略目标定下来之后，就得靠干部来带领整个队伍去持续实现组织目标。近两三年，从公司的战略解码、战略落地、流程变革，到整个组织的拉通，我们发现干部队伍建设的重要性在公司战略层面逐渐凸显出来。

公司的干部队伍建设就是要强化后台对前台和中台的支撑能力，更多的是从补充资源、提升能力这两个角度来考虑问题。跟作战的道理一样，一个好的指挥官，一靠选，二靠练，所以干部管理的关键实际上就是在选和练上。

2021 年，公司将干部群体从关键人才中独立出来并成立干部部进行专项管理，就是希望能够通过选、育、用、留的机制构建有针对性的干部管理体系，有效激励干部、激活干部。在此之前，拓邦任用干部主要是靠用人部门领导主观选拔，这种方式对初创期的拓邦是适用的，但随着企业的发展壮大，单靠领导选拔干部会存在一定的风险。我们在选拔干部时应坚持集体领导制，坚决反对干部任命“一言堂”，任命干部实施三权分立机制。主要体现是：业务部门具有干部任命的提名权和建议权，干部部具有干部任命的评议权和审核权，党委具有提议干部任命的否决权和弹劾权。除此之外，对干部的评价不仅要关注其当前业绩，还要关注其基础素质和能力，坚持综合能力评价，当前业绩只能代表过去，能力则代表未来创造价值的可能。因此，选拔干部时，绩效是必要条件和分水岭；良好的品德是干部选拔的资格底线，侧重在对商业行为准则的遵从上，如不违反公司的商业行为底线，不贪污，不腐败，不收受商业交易好处，不泄漏公司商业机密，不以权谋私等，能处理好公司利益、部门利益和个人利益之间的关系；核心价值观是干部选拔的基础条件，干部要对事业充满热忱和使命感，认同并践行、传承公司核心价值观，对于触犯品德和公司核心价值观红线行为者实行一票否决制；能力是持续取得绩效的关键要素，经验是对能力的考验。根据干部任职资格标准选拔干部，可以实现最佳的人岗匹配，形成“能者上，庸者下，差者淘汰”的能力配置机制，基层强化执行力，中层强化战略理解力，高层强化战略决断力和人际连接力。

当然，仅仅依靠干部任职资格标准和选拔方法来选拔干部是不够的，干部管理的主要任务是要建立一套人才辈出的机制，并维持机制的良好运行状态。后备干部队伍建设直接关乎干部选拔的有效性，现有的拓邦干部管理体系中非常关键的部分就是干部预备队管理。干部预备队管理的第一要素是先选出一批优秀者，充实预备干部人才池，然后通过训战结合、定期淘汰和轮换等，筛选出一批优秀的后备干部。

对于在岗的干部，公司也要进行系统化培养与考核。干部的任用并非终身制，对于绩效不达标的干部我们要及时调整，使干部队伍能上能下、能进能出、可再上可再下，出口畅通，保持干部队伍的活力。

此外，干部队伍年轻化也是干部管理的关键点之一。早在 2012 年，阿里巴巴就开始实施领导群体年轻化，整体换代升级的准备工作。2018 年，小米的创始人雷军在公开信中提到：“没有老兵，没有传承；没有新军，没有未来。”并从那时开始着手培养、提拔了一大批年轻的管理干部，构建更具活力、更有进取心的各级前线指挥团队。另一个互联网巨头腾讯也在 2018 年调整了组织架构，事业群由七个变为六个，被称为腾讯集团干部体系年轻化的重要之举。由此可见，干部年轻化势不可挡。2021 年 10 月份，公司对全体管理干部做了一个盘点，发现 M3 主管干部的平均年龄与 M3 经理干部的平均年龄是一样的，这说明什么问题呢？说明现有干部队伍年龄结构偏大。公司这些年一直提倡要大胆起用年轻人，现在进行干部任用和干部预备队选拔时也有年龄限制，主管预备干部不超过 30 岁，经理预备干部不超过 35 岁，总监预备干部不超过 40 岁，通过这种方式逐步改善干部年龄结构，吸引青年英才进入后备梯队，最终打造出一支年轻善战的干部队伍。

干部队伍建设除了队伍年轻化外，还有一个重要的目的，那就是促进人才在公司层面的流动。2021 年公司在罗马尼亚和墨西哥分别新设了两个工厂，工厂的负责人都是从微电 BG 出来的，并且微电 BG 总经理马伟对干部的调动非常支持，这说明实现人才的流动首先要求管理者有培养人才的能力，其次还要有一定的格局。此外，管理做到一定程度后是有共通性的，不是说一个干部在目前领域做得很好，去其他领域就不行。干部应该可以从任何一个组织中出来，从职能部门、从各个 BU 或者从中台出来都有可能。

干部队伍建设就是解决组织用人需求的问题。面向未来，基于组织的战略目标、业务结构、竞争策略、核心能力，以组织的需求为目标，不断寻找干部队伍现状与理想的差距。目前，在公司层面对干部进行管理的意识还未完全统一，干部队伍建设还需要不断完善，目标是建立成熟的有针对性的干部管理体系，通过分层分类的干部队伍规划与培养，打造企业内部干部发展链和干部成长链，让拓邦良将如潮。

2. 任职资格体系建设，人才快速成长的助推器

（1）为什么要搭建任职资格体系。

“人才先于战略”“企业的竞争归根到底是人才的竞争”，这样的观点如今已是大家达成一致的共识。越是发展速度快的企业，越是缺少源源不断的人才供给，形成企业持续发展的人才瓶颈。任正非曾在 1997 年说过：“华为发展不快，有内部原因也有外部原因。内部原因是不会管理，而外部原因是难以从社会上招到既有良好素质又有大型国际高科技企业管理经验的人才。即使偶尔能够找到这样的人才，一两个也不行，我们需要一个群体。”同样，这几年拓邦快速发展，营业额复合增长率每年至少 30%，对人才的渴求越来越强烈。

另一方面，员工个体越来越关注在企业的发展前景和成长空间。

如何让员工在企业里能够很清晰地知道自己的发展方向以及成长空间？如何让公司既人才济济，又形成良好的梯队，从而支撑公司业务的持续快速发展？

带着这些问题，通过对行业标杆企业一些做法的学习，以及近两年公司外请顾问的指导，我们认识到任职资格体系的搭建和持续推行，或许是一条比较好的途径，毕竟很多公司已经做出了比较好的实践。比如，像众所周知的标杆企业华为，以九牛二虎之力推行任职资格体系10多年，并不断完善。如今，华为的任职资格体系已经比较完善，成为了华为人才供给的发动机。

基于拓邦目前的规模和发展要求，我们在任职资格体系建设上也开始了探索和实践。我们希望通过学习标杆企业的做法，并结合拓邦的实际，去建设一个符合公司发展要求的任职资格体系。

其实，公司对任职资格工作并不陌生，早在很多年前，人力资源部就联合业务部门一起推进过相关工作，但可能当时时机不太成熟，效果甚微；后续也有转变思路，多次尝试过胜任素质模型等，希望能在人才定义、人才牵引上取得一些好的效果，但一直没能特别体系化地做起来。近几年，公司的战略目标逐渐清晰，也陆续引进了咨询和流程变革等项目，任职资格体系建设的时机也越来越成熟，因此在顾问的指导下，从2021年初开始，我们逐步开展了任职资格体系的搭建工作。

（2）拓邦的任职资格体系。

简单来说，任职资格体系是员工能力发展的通道，包含三大部分：职业发展通道、任职资格等级标准和任职资格等级认证。

职业发展通道又名“八爪鱼”，它很清晰地告诉大家，这个职位可以从哪些职位来，如果一直在这个职位发展，发展空间将会是什么，如果想跨职位或者根据自身规划想往管理方面发展可以怎么走，把职位的发展空间讲得非常清楚。根据公司的业务发展需求和人才规划，拓邦将职位层级划分为6级24等。6级的定位依据是生、熟、巧、通、跨、悟（见图6－5），通道设计一目了然。

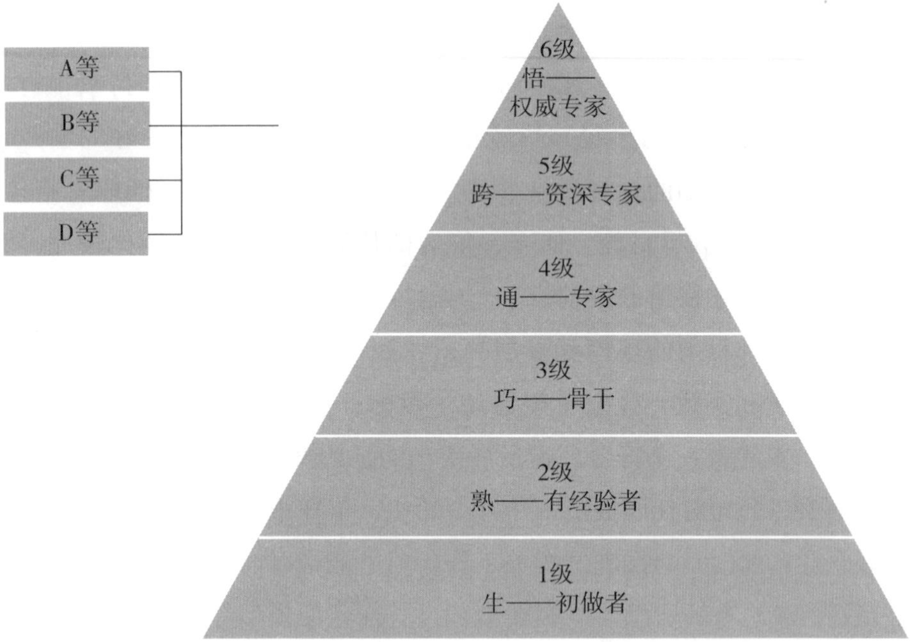

图6－5 拓邦的职位层级划分图

任职资格等级标准分为三部分：行为标准项、素质项、知识技能项。行为标准是员工在各层级要完成的工作行为和结果。目前公司梳理出来的职位行为标准，是公司根据规划对该职位的要求以及当前的实际情况，并结合外部的一些标杆做法以及专家经验，由专家组讨论后得出的。素质是指员工在该职位的发展潜力。知识技能是指每个层级对知识和工作技能掌握程度的要求。每个层级的知识技能项梳理出来后，会形成该职位的学习地图和培训课程，帮助员工更好地开展实践工作，加快工作行为和结果的产出，达到更高层级的认证要求。

任职资格等级认证是指员工自行对标任职资格标准进行申请，公司根据员工申请的职级进行相应的综合认证评审。综合认证评审会议成员根据举证内容对标准项（占 80%）和素质项（占 20%）进行评分，最后根据任职资格认证评审后得到的认证分数，确定相应的认证等级。得分 95～100 分，是 A 等，90～95 分是 B 等，80～90 分是 C 等，70～80 分是 D 等，70 分以上才算认证合格。得分在 70 分以下的，就要继续在原岗位上提升能力，准备下一次认证。

认证后一项很重要的工作，就是员工本人、上级、HRBP 需进行三位一体的 IDP 制定，以明确员工下一阶段的成长目标。我们会根据员工的现状制定个性化的成长计划，帮助员工不断成长，不断提升，达到组织和个人的双赢。

（3）员工对拓邦任职资格体系的看法。

下面我们来看看员工们怎么看拓邦的任职资格体系。

“以前我们也有困惑，总说团队里这个人不行，但也不知道不行在哪儿，现在有了清晰的标准，终于知道差距在哪里，也知道该如何跟团队成员谈差距和明确提升方向了。”

“希望这套机制运行几年后，不断迭代，真正能做到让人才自成长，让公司的人才源源不断。”

“这套系统华为也是运行了很多年，不断优化，现在是比较完善了。你看华为不怕人走，因为内部人才很多，并且很快就能成长。希望我们也能有这样一套机制。现在这步已经迈出了，未来拭目以待。”

“参加了几场认证会，做了评委，看了其他部门的一些人来认证，发现自己部门的流程做得还不是很完善，其他部门还有很多值得学习的地方。”

……

（4）任职资格体系的推行办法。

关于任职资格体系的推进，我们采取的办法是先试点，再全面推行。

由于任职资格体系比较庞大，涉及的面较多，因此整体策略是先重点职位试点，再全面推行。目前公司针对业务规划和业务流程，初步识别并制定了20个关键职位的任职资格，这些职位分别是：AR、SR、FR、MKT经理、PM、产品MKT经理、认证工程师、系统测试工程师、结构工程师、主计划工程师、研发项目采购工程师、Sourcing工程师、Buyer工程师、器件工程师、认证工程师、硬件工程师、软件工程师、SQE工程师、算法工程师、HRBP等。对以上职位，我们已经进行了部分认证工作。在重点职位进行试点，不断迭代后，我们再全面推行到其他职位，并不断优化，使之最终有效支撑业务，成为人才能力发展的自发机制。

（5）基于任职资格的学习地图——课程体系设计。

在梳理了职位任职资格标准后，基于能力项的要求，我们接着梳理每个职级需掌握的知识技能，并与业务专家团队一起进行了学习地图的梳理，明确每一层级需要学习的课程，提前准备好学习资源，在能力提升道路上，让培训起到助推的作用。

任职资格体系的推行不是一朝一夕就能完成的。在反复的实践中，我们需要不断联系业务实际，不断修订标准、完善制度，以及实施与任职资格相关的配套措施，真正让这个体系运转起来。我们希望几年后，公司的人才能够快速地自成长，业务发展能够有源源不断的人才做支撑。

3. 赋能铁三角团队，打造人才新动力

（1）强化铁三角的职责，让他们在实战中快速成长。

从AR角度来说，很多AR在销售思维、对线索的概念、对需求的理解、销售策略等方面还是比较欠缺的。LTC流程在2021年被梳理后更加清晰了，销售人员在每个节点和场景下的职责也更加清晰了。这样，就要求销售人员花更多时间泡在客户端，把客户的需求和线索源源不断地洞察、挖掘出来。总之，就是在不断实践中，逐步提升销售人员的专业能力。

从 SR 角度来说，以前的 SR 跟现在的 SR 还是有些不一样的。什么地方不一样呢？一是原来研发人员虽然担任了 SR 的角色，但相对被动一点，是 AR 把他们带过去的。二是研发人员在和客户沟通争取订单机会的时候，从个人情感角度来讲，研发人员是希望将订单争取过来的；从责任角度来讲，则没有那么明确。如果没有争取到项目，责任在 AR，不在研发人员。但是现在铁三角模式强化了 SR 的职责，SR 有责任去争取机会，不再只是协助 AR 做一些工作，而是有责任去理解、澄清客户需求，甚至引导客户需求，然后拿出一个有竞争力的方案，从产品的角度、技术的角度把客户的机会争取过来。

从 FR 角度来说，按照流程，当线索出来、机会争取过来并且立项后，FR 就需要进来了。但近几年的供应市场非常紧张，交付很困难，基于这个形势的变化，我们还要把 FR 前移，即线索一旦确定，FR 就要参与进来。这个时候 FR 进来做什么？FR 要评估一下项目未来会不会形成订单，如果形成订单，交付要怎么来解决。说到底，FR 就是要为未来的订单做准备工作的。我们和客户达成合作意向后，FR 要根据每个客户的特点，给客户做不一样的交付策略，这个时候我们会跟客户形成一个订单交付规则，站在 FR 的角度，站在客户的角度，站在客户的项目和线索的角度，尽一切努力让交付工作提前。

以上种种，虽然在职责定位中能够比较清楚地描述，但在实际工作中，依然存在执行不到位的情况。因此，我们在实践中要不断强化铁三角的职责，并帮助他们不断提升专业能力，以打造一支优秀的铁三角团队。

（2）系统提升理论修养必不可少。

从众所周知的“721 法则”中我们得知，要想快速提升能力，最有效的办法就是在岗实践。当然，除了在岗实践外，系统的理论培训也是必不可少的。对于AR的培养，公司成立了相关的培养训练营，结合AR的工作场景开展场景化的培养工作；这两年随着铁三角团队理论的提出，公司内部陆续成立了“SR训练营”“双R实战提升训练营”“FR实战训练营”等学习提升营地，希望能通过系统的培训，不断提升三个角色的系统理论修养，让大家更好地用知识武装自己，更好地开展实践工作。

4. 国际化人才建设，助力企业全球化竞争

目前公司海外业务已占公司业务的一大半，很多海外客户都希望能直接对接内部窗口，因此公司对国际化人才的诉求也越来越强烈。

什么是公司需求的国际化人才？首先，公司需求的国际化人才应该掌握相关专业领域的基础理论、前沿知识和专业技能；其次，应该在知识、技能、情感、态度和价值观等方面能够同国际同行进行对话、合作和竞争；再次，应该掌握多种语言、熟悉世界不同文化、通晓国际规则、具有全球视野和跨文化交流能力。

这些年，公司每年校招都会引进一大批具有外语能力或外语功底的应届生，在社招时也对外语或国外工作经验有相应的要求，希望能从整体梯队上做一些调整。语言的学习是一个长期的过程，公司也陆续出台了多项鼓励外部学习的政策，让员工自主自发地去学习外语，也推荐了多个学习机构供学员选择，希望通过长期学习后，公司能拥有一大批把外语作为工作语言的人才，更好地服务客户。

绩效薪酬变革，激发员工活力

绩效薪酬变革的终极目标，就是以奋斗者为本，让创造价值的人得到最大的回报。绩效薪酬激励的核心原则是谁贡献的价值大，谁更靠近客户，谁得到更多。

1．以战略为导向的绩效变革

我们绩效变革的核心思想是什么呢？武总提出："绩效要围绕战略、围绕流程、围绕组织变化而展开。"

"绩效是使人们按照战略去走的一个驱动力，没这个驱动，大家干啥要去往这方向干呢？所以绩效很重要，没有绩效的配合，我们所有的变革都是不能成功的。我们的组织变化了，我们考核的思路也变化了，以前考核基本上是按照财务指标来进行，现在是按照新的组织来进行，按照战略来考核，所有人只有为业务创造价值，才能拿到好的绩效。当你没有为业务作出贡献的时候，你就没有绩效。"

绩效考核归根到底是运用科学的管理方法来激励奋斗者奋勇前进。流程与数字化中心总监杨志刚说："绩效考核我真的很看中，我对人力资源充满了期待。流程做得再好，没有绩效的激励就会死气沉沉，没有意义。而且我们的 LTC 流程如果没有绩效做基础，没有绩效做支撑，那么是没有活力的。"

公司绩效变革的大方针是从财务导向转为战略导向。财务导向更多的是追求业绩结果，如今年要达成什么目标，明年或者未来三年要达成什么目标，只看业绩结果。但是在公司发展壮大之后，我们要怎样才能达成目标？要看什么样的客户和机会？要去构建什么样的能力？这些都需要长期布局，人才、业务结构也都要长期布局才能做好。所以，当以战略为导向的时候，除了短期可见的业绩目标外，我们还有能力构建和中长期布局相关的目标，以 SP、BP 的解码解下来，通过我们对机会点的洞察，再分解各个客户的机会点，一层一层分解。

业绩目标达成和能力构建这两条线都要走，相当于短期、中长期都要看，这样公司才能够更加健康地发展。如果只看短期，对长期的发展来说可能会有一些风险无法提前识别，而以战略为导向，我们就会看整个行业的发展趋势，看竞争对手的战略和能力等等。

公司未来的增长要求是很明确的，要达到目标，我们需要通过对战略的分解、识别来进行目标解码，看公司每年需要做什么，这些需要做的事情，就会成为各个组织的组织绩效目标；另外一个就是以战略为导向的流程变革。以上两者是一体的，最终会以绩效、薪酬的形式落地，形成一个闭环。

我们要建设的是战略导向的绩效体系，强调战略目标在各层级组织的上下对齐，前台与中台的左右拉通，承载战略落地。

公司的绩效管理办法在 2021 年做出了很大的改变，激励导向有重大转变，原来我们是按照结果去激励，现在除了根据结果给予激励外，还增加了过程激励，比如，对一些周期比较长的业务或者新业务，在开拓或孵化过程中会有相应的激励。即从关注短期激励，到关注短、中、长期的战略激励，使绩效激励既面向现在又面向未来，让企业充满活力。总的来说，就是从“结果绩效”转变为“过程 + 结果绩效”，从以前单纯地看重短期的财务结果变为更加看重长期结果、看重过程。

近两年的绩效变革是紧紧围绕着公司的组织架构变革去设计的，这是最大的一个变化。公司现在划分了很多 BU，业务增速较原来也更快了，因为各个 BU 都会想尽办法让自己负责的领域快速增长。但组织架构变化是 2021 年才开始的，目前只是对前台、中台、后台进行了划分，整个组织架构的运作还需要时间去磨合，在运作过程中发现的问题，还需要我们持续地变革和改进。

绩效设计要匹配组织架构，相关联的首先是 BU 总经理的绩效方案。很多 BU 总经理之前都是销售人员或研发人员，而现在的 BU 是一个业务经营单位，这就需要 BU 总经理具备经营意识。此外，跟 BU 业绩相关的成本费用，也需要 BU 总经理去平衡。因此，BU 总经理对绩效变革的感受会更直接、更强烈。

绩效变革的未来方向是实现全员绩效，让公司战略落实到每一个员工身上，将组织目标分解成个人目标，并定期去评价，在此过程中进行绩效的沟通反馈。当这套机制建立起来后，整个公司的运作将越来越顺畅，管理人员和下属对彼此的目标也会越来越清楚，就会形成良性循环。

2. 以能力为导向的薪酬变革

薪酬变革的目标是要建设全面、完善的薪酬体系，包括工资、绩效奖金、福利政策等。这里我们所说的薪酬更多的是指狭义的薪酬，即我们日常所说的工资部分。

我们要构建的是围绕职位开展的宽带薪酬体系，具体来说，就是每个岗位根据员工的实际能力水平认证为不同的职级职等，这样就可以在宽带薪酬中直接对应相应的工资范围。而不同岗位的具体工资范围则是由这个岗位的重要性程度以及相应的薪酬策略共同决定的。这样就减少了录用、晋升、异动调薪的主观性，岗位的薪资范围如何、员工的能力水平如何、绩效结果如何，相对应的应该获得什么报酬都会非常清晰。而且我们每年或者每半年都要根据外部市场情况更新一次薪酬标准，并不是一成不变的。

薪酬激励体系也明确了一些根本的策略，比如，基于岗位和能力导向的策略。基于岗位很好理解，即不能一刀切，同一岗位的薪酬也不一样，有些关键性的对公司价值大的岗位要优先激励，甚至要采取适当的市场领先策略，以留住和激励人才，这是公司业务发展的必要保证。基于能力就是要跟任职资格直接挂钩，所在岗位认证的职级职等就是能力水平的直观体现。能力水平一般分为6个不同的级别，每个级别又分为A、B、C、D四个等级，等级直接决定工资水平的高低，这样可以鼓励员工不断提升自己的能力，以胜任更高的职级或者更为核心的关键岗位。

总体来说，公司会对全部岗位进行梳理，重新评估每一个岗位的价值，然后设定相应的工资带宽，在任职资格认证之后，再根据岗位和员工的能力水平进行定级定薪。

延伸阅读1

来一场轰轰烈烈的变革

（流程与数字化中心　杨工）

人的一生是短暂的，我们应该用有限的一生做一些有意义的事情。

然而多数时候我们并没有做到。就像在一场拔河比赛中，其实大家都想赢，但各自却朝不同的方向用力，个人越努力，越是感觉大家没有用力，最后变成了己方的相互拉扯，失败是必然的。然后就是一群人的相互抱怨，每个人都感到有心无力。以前我们把这些归结成某个领导的觉悟低，只顾自己利益，这显然是片面的，就算是雷锋上去，结局也是这样。总之，没有一个赢家，大家都是受害者。

一个好的机制必然是人尽其才，物尽其用；一个好的机制必然不是割裂的，而是用一个更大的格局，统领各个分散的局部做更有价值的事。在拔河比赛中是要赢对手，企业则是要为客户创造价值。道理很简单，但为什么结局就不美好呢？蒋老师说解决问题要有系统思维，要做根本思考，仅从问题本身出发是解决不了问题的。

从2013年做流程开始，我们的理念就是：简单重复的事情交给系统做，人应该干更有意义的事情。干了两年后，我们发现这事干不下去了。很多时候如果方法不对，系统就会让你原本一周时间就会出错的事，两天就出错了。2015年我们以研发为突破口，以IPD为方法论，2016年我们以供应链为突破口，以ISC为方法论，希望我们在研发上做根本性的变革，以获得全局性的收益。特别是IPD，我们设定流程来保证研发质量，但并没达到预期，不但效率低了，而且助长了形式主义、官僚主义，我没有感觉到有根本性的变化。但由于ISC做进了客户内部，拿到客户预测，有从根本上改变供应链的趋势，这让我们看到了希望。出于一种直觉，我们想去客户那边看一看。从供应链人员和研发人员的角度来说，销售人员就是为了拿订单不惜一切手段的"周扒皮"，什么项目都往回拿，什么单都接，并起早贪黑地催。

于是，从2018年开始，我们跟进了两个产品线，去了客户那里，发现销售人员才是最困难的。比如，有时候找到一个大客户，销售人员费了九牛二虎之力，客户终于答应给个项目试一试，但是回到公司后研发部门觉得又不是什么有技术含量的项目，供应链会说说好的大客户呢，怎么就这点订单等。销售人员既要讨好客户，又要讨好公司内部的其他部门。直觉让我们觉得我们应该去梳理销售部门和其他部门之间的关系，特别是梳理端到端的流程，这样做确实收到了一定的效果。但我们没有信心将这种经验复制到全公司，因为我们认为其他事业部不一样，没法复制。一时我们团队又陷入了迷茫。

我们一直在寻找解决方案。

只要有这方面的讲座，我们就去听；只要听说有一本这方面的书，我们就买来看。我们相信总有办法可以让我们从根本上系统性地解决这些问题。山穷水复疑无路，柳暗花明又一村，今年我们参加了蒋老师的培训。蒋老师的方法无论是从系统思维的广度，还是从根本思考的深度上来说，都远远超过了我们的问题，让我们的所有问题从全局性的角度来看都不存在了。以前我们在专业分工论的指导下，每个人的视野都受到分工的限制，导致所有人都没有办法聚焦于客户需求，这样就没有形成合力，就会产生矛盾。而解决这个问题的根本就是要建立以客户为中心的流程型组织。我们要通过流程把客户需求打通，力出一孔，通过职能部门的规模、专业优势，为客户创造价值提供支持；再通过绩效建设，让每个为客户创造价值的奋斗者有合理的收入。

有人说事业部是诸侯，其实判断事业部是不是诸侯不应仅看事业部的外在形式，而要看这个部门以客户为中心还是以自己为中心。如果以客户为中心，那么事业部也是一个资源部门，而且是一个很好地服务了客户的资源部门。如果都是服务客户，多个事业部联合起来，能力就会更强。一个好的理论，是包容的，是能调动所有局部积极性的。

我们以前犯的错误是：

（1）流程一个一个地建，比如，建一个 IPD 流程，更加强化了研发部门的职能，反而不利于客户需求的传递；

（2）没有 LTC 流程来统筹运营流程，就像拔河没有绳子一样，所以 IPD 和 ISC 及其他流程没有抓手；

（3）每建一个流程都把它当成全局，夸大这个流程的作用；

（4）只建设流程，不管相关职位的梳理，不管绩效的再造，导致人员能力建设和工作意愿出现偏差；

（5）流程建设的时候，不重视指标。

以前我经常听到某些同事的抱怨，抱怨是懦弱者最无力的呐喊，起不到什么作用。今天，在世界顶级管理大师的理论和实战经验丰富的顾问指导下，公司要号召大家树立起一种为客户创造价值的利他精神，在这种精神指导下的以客户为中心的流程型组织，拒绝一切形式主义，拒绝一切官僚主义，让我们每个人都做有意义的事。当有一天我们老了，回顾过往时，你会发现，这种精神承载了你的梦想，让你的人生更有价值。

延伸阅读2

用流程再造让我们真正做到以客户为中心

（微电 BG　马工）

以客户为中心和流程再造其实是两个概念。以客户为中心是公司在价值观或理念或战略等方面的选择，流程再造是以实现端到端流程为目标的优化或再造。以客户为中心的流程再造说明“端”指的是客户，进一步强化我们以客户为中心的观念，即从客户需求中来，经过内部一系列工作后，回到客户需求中去，满足客户需求。

这是一个普通的概念，而我的理解是：所有以客户为中心的端到端流程的参与者，他们的目标是一致的，不管担任什么角色，承担什么任务，都是盯着客户的需求，从全流程来完成自己的工作任务。这有点像多股线，组成多股线的子线就是从全流程来看的子任务，很多的全流程子任务组成了整个流程的总任务。将来我们要把目标从由上级（或内部同事）决定，变为由客户需求决定，这将使得我们的流程链条更加顺畅，更好地满足客户需求。

以前我们讲以客户为中心更多是一种概念，甚至更早之前连概念都没有。前几年公司咨询了很多顾问，在市场上也经历了很多事情，大家都有深切体会。市场环境决定了如果不以客户为中心，竞争力就会变弱。这次以客户为中心做流程再造，就是要把以客户为中心的观念落地，根据外部环境和内部情况，做最佳匹配。

举个简单的例子，在产品研发过程中，客户发现他们的某款产品出现了问题，而这款产品第二天就要展示了，于是客户希望我们的研发人员立刻去到客户现场，和第三方供应商一起了解出现问题的具体原因，并现场解决问题，以便客户第二天能正常展示。而我们研发人员则认为在公司内部解决这个问题是最高效的。我们的研发人员没有了解客户所处的环境、期望、担心，所以按自己的方式去做。所以说我们做事时不要“我觉得，而要客户觉得”，快速满足客户需求才是最重要的。

当然，我们的痛点远不止此。我们的业务增长速度远远小于人力增长速度，存在内部效率低下、人均产值低等问题。若未来要持续发展，我们必须要对现有流程进行再造和优化。

流程再造是一个持续的过程。首先，流程再造需要很多人参与其中，我们要先搞清楚现状，看看哪些流程不是以客户为中心的，哪些地方是影响我们工作效率的，哪些地方是可以优化的，把这些问题全部梳理出来。这需要我们很多的一线人员参与进来，因为鞋子合不合脚，只有自己知道。其次，流程再造有很多的知识和工具需要我们去学习，去消化和应用。我们要学习好的流程的经验和知识，不然发现不了不合理的地方。比如，有很多事情我们往往是熟视无睹、习以为常。最后，进行试点优化并推广。

流程再造之后，必然会重新调整某些部门的职能，有些部门可能被打散，有些部门可能被整合。我们一直讲分工，有时候不分工，效率比较低，一定程度上分工后，效率就提高了，而再过度分工，效率又会降低。从我个人角度来说，如果员工能力 OK，精力也 OK，就不要分工，一个人做事效率最高，分工就会有沟通成本。

内部流程要按一条龙的办法来梳理，目的都是为了满足客户需求，这样可以使段到段的、各自为政的、分散的工作流程变成端到端的工作流程，流程就会更加顺畅，效率自然就提高了。希望通过流程再造，今（2020 年）、明（2021 年）两年在人数不增加的情况下，我们依然能够维持销售额的增长。

流程再造能让我们更深刻地理解工作内涵，对自身能力提升也非常有好处。社会潮流是变化的，我们不变就会被淘汰。我们要以积极的心态去拥抱变革，越是阵痛，越是要参与进来，这样才会知道未来该朝哪里走。

延伸阅读 3

以史为鉴，深化变革

（流程与数字化中心　杨工）

中华文明历史悠久。人们常说：太阳下面没有新鲜事。大概意思是说现在发生的事在历史上有迹可循，可以以史为鉴。历史的车轮滚滚向前，无情碾压所有跟不上社会发展步伐的事物。

变革，流程决定组织

拓邦今天的变革让我想起了商鞅变法。公元前 359 年，秦孝公启用商鞅来进行改革。当时，一个国家要强大只有两件事要做——开疆扩土和种好粮食。所以作为一个秦国人，要不就当兵建立军功，要不就在家种田，为国家贡献粮食。

拓邦这次变革也是这样，CBU 就是公司开疆扩土的战斗部门，主要面对客户与市场竞争，里面主要包括 AR、SR、FR、开发工程师及客户与市场需要的特殊岗位。CBU 的考核指标主要是以结果为导向的销售额、毛利等。高度的竞争导向，使得 CBU 以开疆扩土为己任。PBU 主要为 CBU 提供“炮弹”，包括 0 ～ 1 及多个 CBU 复用的 1 ～ N 开发，同样也属于战斗序列，也是以销售额、毛利等结果性指标为导向。这两个部门将来要以建功立业作为业绩衡量标准，对于那些拿下市场与客户的员工，要论功行赏。

每个职能部门都有其专业定位，它们都是生产“粮食”的部门。比如，研发部门要为 CBU、PBU 培养 SR、开发工程师，同时还是 SR 的坚实后台，为 SR 提供更有竞争力的解决方案以及解决方案中的疑难问题。又比如，市场部门要分析行业及市场情况，为 CBU 提供商业机会、客户清单及作战策略，为 PBU 提供新产品规划。研发部门、市场部门都是中台的支持部门。此外，还有后台的支持部门，比如，人力资源部门会支持各部门进行人才的选、育、用、留，财务部门会为 CBU、BG 提供财务规划、财务控制、财务核算、财务分析等方案。职能部门不管是中台部门还是后台部门产出的“粮食”要么是人才培养，要么是各种专业解决方案。不能在“战斗”中找到自己位置的部门都是没有价值的。

打造一条龙的优秀经理团队

变革虽然能促进生产力的发展，但是变革过程中会不会遇到阻力呢？从商鞅变法来看是有的。旧贵族代表甘龙、杜挚起来反对变法。他们为什么反对呢？主要是因为这些人既不开疆扩土，也不生产粮食，却享有最终的分配权，即对结果不负责，但拥有结果所带来的各种好处。

这次变革对各流程专设一条龙经理，负责从客户需求到客户交付的所有工作，他们对结果负责，同时享有结果所带来的好处。现在社会变化很快，竞争很激烈，打仗前还要回去请示的话，是来不及的，因此一条龙经理负责指挥作战，根据流程调动相关的资源，并对结果负责。

总有人打着管理的名义，到处彰显自己的存在。日本精益生产理论中有句话说得好：管理者如果不能做改善，其本身是没有价值的，而改善的需要是更专业，而不是官僚请示。将来的管理者的主要责任包括对流程进行改善、培养人才以及承接战略目标，是流程的观察者、资源的提供者。

在组织结构变化过程中，有些功能被划分到一些部门，甚至是一些岗位上。有人提出某些部门的当前负责人没有能力完成新的工作任务。这里我想说一下，我们改的是结构，并不是因人设岗。一个好的结构更有利于我们发展。至于岗位上的人有没有能力完成工作任务，将来人力资源部门会做任职资格认证并针对该岗位的选、育、用、留出台相应的措施。

写在最后

商鞅变法后，秦国逐步从一个一穷二白的边缘小国变成实力最强的国家，即使其他几个国家联合起来也阻挡不了其统一天下的步伐，原因是秦国解放了生产力，提高了广大人民群众的积极性。

拓邦以客户为中心，以奋斗者为本的变革，会让更多的人投入到公司的发展中，共同享有公司的发展成果。此次变革会为公司未来10年的发展奠定基础。

下篇·坚持可持续健康发展

第七章　聚焦主航道，务实奋进

深耕智能控制领域，成为行业领导者

拓邦成立20多年来，从最开始的空调控制器，到现在的家电、工具、新能源、工业、物联网，业务范围不断拓展，规模不断扩大，事实上已经成为了行业里的“隐形冠军”。然而，我们的规模并不大，我们的市占率还不够高，随着智能化社会的到来，智能控制技术将被广泛应用，前景非常广阔，我们的上升空间还很大。

作家马尔科姆·格拉德威尔在《异类》一书中指出：“人们眼中的天才之所以卓越非凡，并非天资超人一等，而是付出了持续不断的努力。一万小时的锤炼是任何人从平凡变成世界级大师的必要条件。”他将此称为“一万小时定律”。

智能控制行业的边界非常宽广，凡是需要控制的部分，我们都可以做。我们的整机客户，他们转型去做其他产品，跨度非常大，难度非常高。但对于做控制产品的我们来说，不管是家电、工具，还是工业、医疗等，甚至包括电机产品、电池产品，只要我们把握了一些机会，在相应领域构建了控制方面的技术能力，就可以进入该领域，产业空间非常大。像时下处于技术前沿的机器人、人工智能、物联网等，都离不开控制，所以说，我们的行业没有天花板。

公司的愿景是成为全球领先的智能控制方案提供商，这要求我们要聚焦主航道，集中资源，不断扩大自己的优势，使别人难以替代我们，所以我们要聚焦在主航道上，要不断创新，不要在非战略机会点上消耗力量，因为技术在进步，我们稍有迟疑，就会被抛弃。

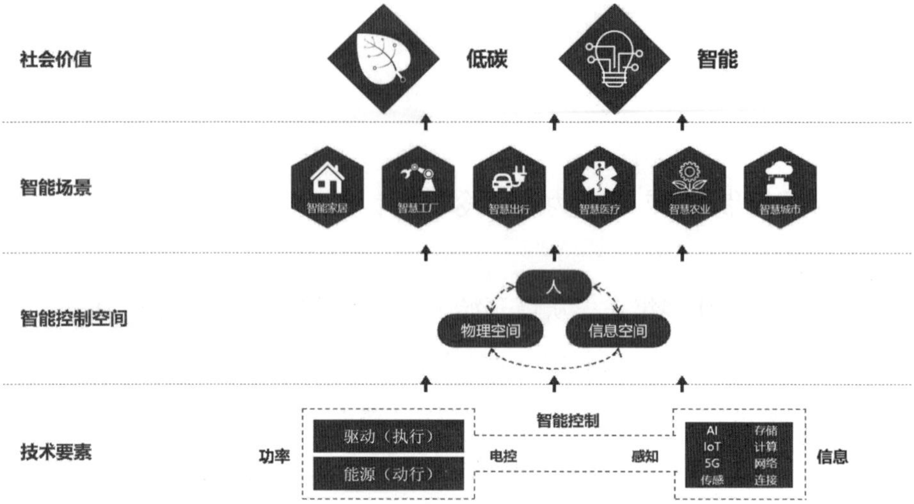

聚焦智能控制领域，赋能智能社会

聚焦核心能力，不断拓展业务领域

企业发展到一定规模后，就不要拘囿于是做控制器还是做整机了，最重要的是要聚焦核心能力！比如，我们的核心技术可以归纳为四电一网，这就是我们的核心能力。围绕这些核心技术，我们可以衍生出很多产品。凡是不脱离公司核心能力的业务，我们都可以去尝试，这就叫聚焦。

开辟新赛道，有所为，有所不为

新业务是公司开辟第二赛道甚至第三赛道的重要举措，但是新业务的开拓，也要遵从几个维度。首先是共用技术。就像公司最开始只做空调控制器，再往后，为更多家电产品提供控制器，这是因为我们有了技术底座后，才能够更好地延展到其他产品。其次是共通客户或市场。有些产品在技术上可能存在较大偏差，但是服务同一个客户，比如T客户，我们既提供控制器，又提供电机、电池包等，因为这些属于一整套的解决方案，与公司的战略同样吻合。最后，要有差异化优势，这种优势，可能是全成本的竞争优势，可能是创新能力的优势，也可能是交付方面的优势，如果无法形成优势，这样的新业务，我们是做不起来的。所以说，新赛道是主航道上的创新，是一种厚积薄发。我们的产品战略一定要清晰，不能盲目地进入我们不擅长的领域。

第八章　主动释能，拒绝固化

拓邦自1996年成立以来，体量在逐年扩大，在企业规模增长的同时，体制固化、能量僵化等问题也随之而来。我们需要在激流勇进时常怀危机意识，在探索中成长，在顺境中变革。

感知危机，不断主动突破

企业大了之后，就不是一两个人的事了，而是整个公司的事。如果想要改变很多人、很多事，就必须要通过变革来打破僵局。为什么要变革？变革本身就是要通过改变自己来适应市场的发展和变化。没有什么是一成不变的，假如有一天控制器的需求不再像今天这般紧俏，我们不作出改变就会停滞不前，就会被超越。这种改变不仅仅要求拓邦改变，也要求拓邦的干部改变，要求拓邦的每一个人改变。

公司这些年一直在做流程的引入工作，也在不断请顾问为我们做辅导和优化工作，包括系统、战略、市场等各方面的工作，以及IPD、LTC等流程上的开拓。这些都是主动思变的行为，我们在积极尝试，勇敢试错。涅槃重生是艰难的，从意识到实践，多的是从0～1，期间的多重磨合，多向求证，都是公司从“尝试求变”到“一定改变”做出的努力，也是我们迈出拒绝固化的重要一步。

改革的主旋律已经确定，另一个问题就是如何实现。从想到到做到，我们需要做好两个方面的事，一是意识，二是战略。

说到意识，首先是文化意识。文化意识是刻在一个公司骨子里的东西，影响着从人到事方方面面的风格属性。我们常说，不同的公司有着不同的基因，不同的基因指的就是不同的文化。拓邦讲尊重，所以我们淡化上下级观念；拓邦讲共同发展，所以我们价值共创、价值共享。现在，我们讲变革，那么自上而下，从里到外，我们都要时刻做好准备，这是文化的觉醒。其次是危机意识。人有自己的舒适圈，舒适圈待久了容易丧失竞争力，企业也一样。居安思危，这是老祖宗教给我们的道理。现在社会竞争很激烈，竞争对手也在竭尽全力以立于不败之地。所以，更多的时候需要我们主动去思考，看是否有新的机遇，我们有没有充分发挥核心竞争力，以及是否做好了最坏的打算和 plan B。最后是保持创新。拓邦一直坚持技术有价值，技术是拓邦的灵魂，是拓邦赖以生存的命脉，唯有不断深耕，开拓进取，始终保持满足市场、超越市场的创新速度，才能在竞争激烈的市场上始终保持核心竞争力，才能立于不败之地。从组织到个人，我们相信技术的力量，更相信创新的价值。

达成思想一致是成功的开始，完成战略部署是成功的必由之路。拓邦就像一艘巨大的航船，承载着船上所有人的梦想和期望全力前行，而启航的第一步，就是确定方向。对个人来说，做计划时第一步都是先定目标，定了目标就是定了基调，定了未来的方向。做公司规划也一样，决定“船”往哪里开，“舵”往什么方向打就是战略目标。但只定目标还不够，还需要有很强的目标导向和目标管理能力。强调目标感就是在指引大家未来看得见的成功。灯塔有了，还要进行组织优化，我们不仅需要一位好的船长，还需要很多得力的大副以及无数优秀的船员。人太少，工作过于粗糙随意，船会经不起风浪，易沉；人太多，团队臃肿效率低下，船行驶速度会缓慢，易迟。所谓船大难掉头，船小好掉头，唯有做好组织分解，协调好组织成员的工作，才能灵活应对。

现在，拓邦把原来的大平台分解成若干小平台，轻装简从上前线，集中人力物力做好中台支持和后台保障，同时，尽一切努力做到内部管理畅通，纵向从上到下做绩效评估，横向从客户到市场形成战略落地，并伴随着科学合理的任用淘汰制度、干部管理制度，激励大家，约束彼此，从而衍生出一套完整且行之有效的管理机制反哺业务本身，实现牵引。宏观放大，微观聚焦，在实现组织分解强化的同时，个人也要紧跟节奏，完成自我成长。这种成长，要求我们学习，向外界学习，向客户学习，向标杆学习，不要只看到自己做得好的方面，也要走出去多看看别人做得好的地方，用我们和别人之间的落差作为我们学习的动力，用学习的结果来弥补彼此的落差，致力于向上的自我驱动，蜕变成更好的自己。

敢闯敢为，探索发展新路

强调意识也好，优化战略也罢，其实都是通过不同角度为公司赋能。拓邦若想持续稳步增长，必须要不断创新，保持核心竞争力，同时要主动耗散，保持组织的活力和创造力。我们要跟上时代发展的步伐，思考属于我们的机会点在哪里，如何将这些机会点转化成客户与业务，完成我们的三年五年目标。

拓邦一直在做创新业务的探索和扩展，像厨纪炒菜机器人、物联网业务，都是新的尝试。在面临新的挑战时，我们也会权衡，是先找到市场，再孵化产品，还是先孵化产品，再推动市场。前者投入少、进度慢，后者投入大，效果需要市场验证，机遇与风险并存。评估取舍就是对业绩负责，对公司负责，这是拓宽新赛道过程中必经的阵痛，需要组织以全新的面貌，精神焕发地去迎接新一轮竞争的洗礼。

最后，便是可持续发展。深耕主营业务，强化技术创新，开拓创新业务赛道，都是在为可持续发展搭桥铺路。这两年因为疫情的影响，公司的前锋出不去，海外的客户进不来，项目的开发和推进受到阻碍，如果不能主动释能主动耗散，势必会造成部门空转，效率失衡。所以，我们选择“小步快走，小步快跑”的方式，在保持现有业务持续、稳定增长的同时，去探索新的领域，以满足规模性突破，多方面、多层次地保障公司可持续发展。

拓邦本身就是一个生态系统，这个生态系统不是封闭的，而是内外循环、彼此交换的。活力和秩序之间总是互相矛盾又互相促进的，主动释能就是在两者之间寻找一个平衡点，打破秩序的僵化，同时成为“第一个吃螃蟹的人”。当然，我们还会遇到很多问题，只能在两级冲突之间来回推翻、重建。我们应该开放思路，让外面的新鲜空气吹进来；拒绝固化，把内部老旧的气息吹出去；激活队伍，让我们在动态中充满活力，形成新的势能。

2022 年是拓邦成立的第一个 26 年，在未来第二个、第三个乃至第 N 个 26 年里，我们将会拥抱更多可能，创造更多可能！

第九章　共建可持续发展生态

长期以来，拓邦秉持“成就客户、共同发展”的核心价值观，坚持“平等、健康、公平公正”的理念，携手产业链伙伴共建可持续发展生态，价值共创，价值共享，实现互惠互利，共同成长。

做受供应商尊重的客户和受客户尊重的供应商

没有绝对好的供应商，只有合适我们的供应商。在公司不同的发展阶段，我们应该有与之相适应的战略。

在拓邦的供应商体系中，不乏优秀的供应商，当然也存在滥竽充数者。我们如何公平公正地评估他们呢？他们要怎样才能中标拓邦的项目呢？这就需要有一个标准，而且要让供应商都清楚地知道这个标准。比如，我们的供应商手册里面清晰地规定了供应商达到哪些要求才能进入我们的合格供应商目录，成为我们的供应商，具备什么条件才能成为我们的战略供应商等。有了明确的规则后，供应商就能按照规则不断发展，不断满足我们公司的需求。

我们要尊重我们的供应商，要淡化甲方意识，因为我们与供应商之间不完全是买卖关系，还有合作伙伴关系，这是一种持续共赢的关系，跟朋友的交往是一样的。尊重供应商，我们帮他们一次，他们可能会帮我们10次。

2021年，供应端面临严峻的困难——原材料短缺伴随着涨价，针对这种情况，我们快速制定了优先保供策略，通过提前备货、高价调货等方式来保障客户订单的交付，并开展供应商赋能培训活动。这些做法虽然让我们失去了一些利润，但赢得了客户和供应商的信任和支持。我们认为，越是危难时刻，越要体现我们的担当，真正把客户、供应商当成命运共同体。我们坚持积极拥抱具有共同价值理念的合作伙伴，打造更加健康的生态环境。

大家都说企业在客户心中的形象很重要，我们认为，一个企业除了在客户心中的形象重要外，在供应商心中的形象也非常重要。因此，我们既要做客户心中的好供应商，也要做供应商心中的好客户。

拓邦一直提倡健康的生态，实际上，一个企业就是一个生态圈，不可能孤立存在。企业和他的客户、供应商、员工共同组成一种生态关系。我们要打造的是一条生态链，跟我们的客户、供应商、员工形成一种共生共存良性循环的生态关系。

优秀的客户都会对供应商赋能

我们要让供应商挣到钱，同时也要让供应商能力得到提升，优秀的客户都会对供应商赋能。

我们不能压榨或者剥削我们的供应商，供应商也需要有自己的合理利润空间，而不是说我们作为客户，就要把所有的利润都纳入自己囊中。

一个好汉三个帮，优秀的企业离不开供应商的优质服务。在培育战略供应商方面，我们会把供应商进行分级管理，分出哪些是战略供应商，哪些是核心供应商，哪些是要发展的供应商，哪些是要淘汰的供应商等。

当我们选定一家供应商之后，就进行资源共享，在后续发展过程中，如果供应商跟不上我们的步伐，比如，在工艺、管理等方面达不到我们的要求，那我们对供应商的态度是怎样的呢？有的人可能这样想：反正物料你现在做不下来，我就另外找一家企业替代你。这种做法只能解一时之急，要想真正解决问题，正确的做法是把更低价、更好的工艺分享给供应商，帮助他们降低成本、优化工艺或提升品质意识，帮助他们增值。就像对待我们的员工一样，当我们发现有人跟不上队伍要掉队的时候，我们不能总是想着抛弃他，而是要先看看能不能培育他，再造他。所以，拓邦要有这种成就上游的意识和能力。

供应链交付能力的提升离不开客户、供应商的支持，为此，拓邦人力资源中心人才发展部携手公司集成供应链中心，面向拓邦生态圈伙伴量身打造 TPP 项目，内容涵盖培训学习（行业趋势分析、经营管理、人才发展建设、项目管理等学习资源共享）、研学交流（标杆企业的参观学习、优秀供应商间的互访交流）、辅导改善（原料质量、仓库管理、品控体系、成本控制、交付能力、生产管理等）等，目的就是为核心供应商建立一个互相学习交流、共同成长的平台，齐力构建拓邦与供应商的共赢生态圈，最终实现客户满意，为客户创造价值。

在客户端，我们要给客户创造价值；在供应商端，我们要共享价值。我们应该把我们的客户、供应商跟我们串在一起，形成一条链条，并让它更好地创造价值。我们要追求链条的价值增值，实现长远利益共享，共建健康生态，共谋发展。

保持良性竞争，避免内卷

在市场竞争中大家都不可避免地会遇到友商，在对待友商的态度上，我们要做到良性竞争。企业自身要优秀，才能在竞争中做到良性竞争。

公司董事长武永强曾说过："企业如人，人有人格，企有企格，国有国格，不管是组织还是个人，都有自己的思想和品格。我们和友商在某些业务上的确存在竞争，但并非所有业务都存在竞争关系，我们应该打造各自的竞争优势，来满足市场和客户的需求。即使是存在竞争的业务，也不应该恶性竞争，否则只能两败俱伤，没有赢家。"

电气 BG 总经理彭干泉说："为什么苹果能成为伟大的企业？尽管苹果在食物链的顶端，但它不只是单纯地让自己活得很好，它也让供应商活得很好。同时，它的同行活得也不差。我们试想一下，如果苹果手机的价格跟小米、OPPO、VIVO 的差不多，那整个行业还行吗？所以，企业要有格局，企业家必须具备'国家因为有你而强大，社会因为有你而进步，人民因为有你而富足'的格局。"

因此，友商之间不应陷入恶性竞争的漩涡，而应不断提升自己的能力，促进行业发展，承担社会责任，促进社会进步。如果过于"内卷"，这个企业就无法成为伟大的企业，只能算是个做生意的公司。

第十章 深化数字化转型，迎接时代新挑战

实现业务感知、互联、智能和实时按需在线自助服务体验，降低成本，提升效率。这是我们的数字化愿景。

数字化是我们的必然选择

未来，企业肯定是要数字化的。

数字化可以分为产品数字化、运营数字化。

产品数字化，也可以称为数字化销售，数据是资产，我们可以用数字化的产品为客户提供额外的附加值，给客户带来增值。

运营数字化，就是工作优化，减员增效。比如，自 2015 年起，H 客户开始推行小微改革，并于 2020 年全面推出数字化平台，提升销售效率，减少高费用率对净利率的影响，增厚归母净利率。BSH 的数字化转型更为突出，到 2026 年，10% 的营业额来自于数字化服务，例如，厨师机菜谱、按次收费的干洗机等。

拓邦对数字化也非常重视，我们认为公司有望通过优化内部管理，提升运营效率，改善费用率 2 – 3pct。战略与 Marketing 中心、流程与数字化中心有大量的专案正在进行，从数字化的远景规划到具体的项目推进，大量的人在做这项工作。

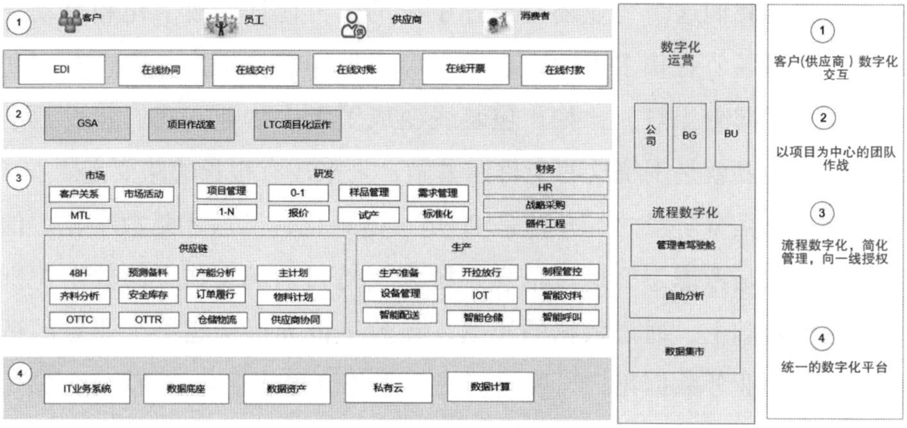

数字化运营转型整体框架图

未来的拓邦一定是数字化的拓邦。

用数字化打通全流程，降本提效

在内部和外部双重压力之下，我们必然要不断提升自己内部的整体能力，这种情况下数字化是我们必须要做的选择。

数字化体系分为对内体系和对外体系两种。对外体系可以增强客户与我们、我们与供应商的合作关系，让客户跟我们做生意更简单。比如，某客户每周交给我们 2 万个数据，如果不采用数字化方式处理，我们可能要 4 天时间，但如果采用数字化方式处理，理论上我们半个小时就可以给客户答复。对内体系主要就是减员增效、降低成本。比如，公司要求供应链效率每年提升 30%，通过数字化处理，在不增加人力的前提下提高效率，那这 30% 的效率实际上就是节省下来的人工。

很多时候，我们这个行业还是肩扛手拉的。再比如，数字化和自动化结合同样可以节省很多人力，理论上可以做到黑灯工厂。现在有一些企业做到了部分黑灯，比如，包装线变成了无人作业。我们建设数字化体系，主要就是围绕这两个目标去做，未来还有很长的路要走。

数字化是分阶段的，开始是 IT 化、信息化，然后才是数字化。信息化更多的是考虑怎么通过信息系统来支持目前的工作，而数字化则是在这个基础上，通过数据的连通，在数字世界里构建一个业务的运作流程，即业务数据化。当我们把整个业务流程数字化、流程化之后，就可以帮我们做预测，为决策提供数据支撑。这个就是我们常说的“数字双胞胎”，就是把现实的业务变成数字，这样，从接到订单到出货，整个过程我们都可以看到。

这一点在供应链上体现得特别明显，比如，当我们得到一些对未来预测的情况后，就可以根据这些情况做需求预测，做完需求预测后，就可以得到一些对未来的估算数据，这就便于我们在未来一段时间内做准备。它有利于我们掌控整个供应链的变化情况，比如，我们的产品是在客户的仓库，还是已经上线？通过数字化就可以清楚地看出来，这样可以节省很多时间。最后我们需要做的就是进行决策、制定规则、处理异常、把控风险，这对我们来说是非常有好处的。

目前，我们数字化战略的总体设计已经完成。

在供应链数字化方面，我们要用数字驱动设备正确地做事，逐步实现少人化、自动化、智能化；通过 EDI 实现全供应链的纵向深入，横向拓展，增强客户粘性，提升供应链的响应速度和工作效率。供应链数字化可以帮助我们实现最优排产计划和最优供应计划，集合物料和产能自动排产，并实时反馈生产的实际产能和异常。

在生产数字化方面，可以实现设备互联、数据互通、信息共享、实时分析、自主决策、精准执行；在自动化方面，可以驱动自动化设备运行、拉动物料供应、准备工装治具、调整设备参数、调用程序、确认开拉放行、及时反馈设备参数与运行状况，最终实现少人化。

在流程数字化方面，要实现八大流程过程实时监督，绩效及时反馈，推动持续改善，打造结构性竞争优势。

数字化转型是引领企业走向未来的必经之路。如果企业还是很传统，还没有将业务、内部流程、内部作业数字化，将没有未来。拓邦一直走在数字化的道路上，我们将通过数字化不断提升运营效率，拉进与客户的距离，让做生意更简单，让公司持续健康发展。

后　记

伴随着社会向智能化、低碳化、区域化、短链化趋势发展，拓邦也迎来了新的发展机会。公司在2021年制定了未来十年的远景蓝图和未来三年各业务板块的发展战略。为实现公司的长期目标，我们将紧抓智能化、场景化和绿色低碳的历史机遇，积极创新商业模式，注重自主创新，通过洞察使用者、场景和行业的痛点，为客户提供智能解决方案，同时构建需求洞察能力、资源整合能力和核心平台能力。

拓邦认为公司不仅要为客户和股东创造价值，也要为员工和其他利益相关方创造价值。此外，公司还应该努力创造良好的社会效应，促进世界智能化、低碳化发展，共创智能而美好的未来。这一经营理念始终贯彻于公司战略制定和日常业务活动中。

拓邦认为公司的长期使命就是：让世界更加智能和低碳。绿色低碳已成为全球的共识和目标，为了应对气候与环境变化给人类带来的生存和发展挑战，每个个体、每个组织都应该思考自身与环境、社会的关系，加快形成低碳、绿色的发展方式和生活方式，促进人类社会可持续发展。拓邦相信在这一人类共同面临的趋势和发展进程中，可以凭借自身在智能控制技术领域的技术积累，不断创新，让智能和绿色并行发展，让低碳和发展变得可持续。

规模发展仍是公司现阶段的主旋律，拓邦将继续围绕“客户亲密、创新驱动、精敏运营、组织进化”四大核心能力驱动的战略，践行“敏捷·创新·伙伴”的核心品牌价值观，实现规模发展。在公司业务的各个细分领域，拓邦积极拓展全球性综合类大客户和快速成长的科技创新类客户，以客户为中心，构建铁三角客户服务组织，提升服务、协同、响应能力，与客户一起开拓商业新边界，创造新价值。

用创新驱动发展是拓邦的核心战略之一。拓邦通过持续的技术投入和创新，不断提升效率，降低能耗，促进绿色能源的使用，每年交付上亿套智能控制产品，从而大力促进社会的绿色发展；通过加强对通用技术和平台技术的研发，在电控、电机、电池、电源和智能物联网领域形成核心技术平台、关键产品平台，并布局中长期技术储备，每年可为客户提供数千个创新、领先、绿色的定制化产品与解决方案，助力全社会减少碳排放，和客户一起为消费者提供优质环保、经久耐用的产品，从而减少对地球资源的消耗，促进社会的可持续发展。

拓邦大力打造敏捷研发、智能制造、敏捷交付相结合的核心平台，持续构建和增强研发、供应链、制造和质量等体系的能力，坚持诚信经营，恪守商业道德，注重员工权益；结合数字化变革的不断深入，综合运用信息化、网络化和自动化技术，增强智能化运营能力，从而提升面向未来的敏捷运营能力。

当我们站在当下选择未来时，拓邦坚信技术创造价值，一个数字化、智能化、绿色低碳的世界是人类社会的必然走向。面向未来，无畏的拓邦人将继续秉持以客户为中心的理念，以企业家精神为指引，努力为社会创造更多价值。拓邦希望与全球客户、行业伙伴一起，践行可持续发展方式，用智能控制技术为客户提供价值，使人人受益，成为全球领先受人尊重的智能控制方案提供商。让我们携手前行，为智能、低碳社会贡献力量，共创智美未来。

本书英文注释

VP（Vice President，副总裁）

OTP（One Time Programmable，一次性可编程）

B2B（Business to Business，企业对企业的商务模式）

B2C（Business to Customer，商家对客户的商务模式）

OEM（Original Equipment Manufacturer，原设备生产商）

ODM（Original Design Manufacturer，原始设计制造商）

BG（Business Group，事业群）

BU（Business Unit，业务单元、事业部）

Perfect（完美）

to B（Business to Business，企业对企业的商务模式）

to C（Business to Customer，商家对客户的商务模式）

IoT（物联网）

PCBA（Printed Circuit Board Assembly，印刷电路板组件）

PPT（PowerPoint，幻灯片）

KPI（Key Performance Indicator，关键绩效指标）

AR（Acount Responsible，客户经理）

SR（Solution Responsible，方案经理）

FR（Fulfill Responsible，交付经理）

PM（Project Management，项目管理）

CS（Customer Service，客服）

VIP（Very Important Person，贵宾）

CQE（Customer Business Unit，客户质量服务工程师）

Plan A（计划 A）

Plan B（计划 B）

Case（案例）

BMW（宝马）

QC（Quality Control，质量控制）

QA（Quality Assurance，质量保证）

QM（Quality Manage，质量管理）

ECN（Engineering Change Notice，工程变更通知）

BOM（Bill of Material，物料清单）

LED（Light Emitting Diode，发光二极管）

C 端客户（Consumer，个人用户）

S 级客户（Super，超级客户）

SR（Switched Reluctance，开关磁阻）

GDP（Gross Domestic Product，国内生产总值）

IGBT（Insulated Gate Bipolar Transistor，绝缘栅双极型晶体管）

DTV（Digital Television，数字电视）

betamax（盒式磁带录像机）

IBM（International Business Machines Corporation，国际商业机器公司）

OS（Operating System，操作系统）

TRIZ（Teoriya Resheniya Izobreatatelskikh Zadatch，发明性问题解决理论）

IPD（Integrated Product Development，集成产品开发）

yes（是）

and（而且）

no（不）

because（因为）

but（但是）

r/min（转/分钟）

BLDC（Brushless Direct Current Motor，无刷直流）

AI（Artificial Intelligence，人工智能）

AI（Auto Insertion，自动插件）

注：书中有两个AI，第一个是指人工智能，第二个是指自动插件

AWE（Appliance&electronics World Expo，中国家电及消费电子博览会）

OTA（Over The Airtechnology，空中下载技术）

PID（Process Identification，进程识别号）

TFT（Thin Film Transistor，薄膜晶体管）

ISC（Integrated Supply Chain，集成供应链）

EDI（Electronic Data Interchange，电子数据交换）

S&OP（Sales & Operations Planning，销售与运营计划）

Martin Christopher（马丁·克里斯多夫）

Sourcing（采购）

buyer（采购员）

PMC（Production material control，生产计划与生产进度控制）

SAP（System Applications and Products，企业管理解决方案）

TCO（Total Cost of Ownership，总拥有成本）

IT（Information Technology，互联网技术）

PCL（Preferred Component List，优选器件清单）

PSL（Preferred Suppliers List，优选供应商清单）

PTO（Procure To Order，按订单购买）

MTO（Make To Order，按订单生产）

MTS（Make To Stock，按库存生产）

VMI（Vendor Managed Inventory，供应商管理库存）

OTD（On-timeDelivery，及时交付率）

LT（LeadTime，生产过程周期）

PO（Purchase Order，采购订单）

SA（Scheduling Agreement，计划协议）

SRM（Supplier Relationship Management，供应商关系管理）

RLT（Replenishment Lead Time，需求周期）

GAP（Gap or Area Gap，缺口）

MRP（Material Requirement Planning，物资需求计划）

SQE（Supplier Quality Engineer，供应商质量工程师）

SQM（Supplier Quality Management Engineer，供应链质量管理工程师）

IQC（Incoming Quality Control，来料质量控制）

Team（团队）

CNAS（China National Accreditation Service for Conformity Assessment，中国合格评定国家认可委员会）

DEKRA CTF（DEKRA：德凯，指第三方专业检验检测认证机构；CTF：Customer's Testing Facilities，指厂家的测试设备）

TUV 莱茵（Technische Überwachungs Vereine，技术监督委员会）

EMC（Electromagnetic Magnetic Compatibility，电磁兼容性）

EMI（Electro Magnetic Interference，电磁干扰）

UL（Underwriter Laboratories Inc.，美国保险商试验所）

WTDP［Witness Test Data Program，字面意思是“目击（见证）测试数据程序”］

CE（Conformite Europeenne，CE 认证）

VDE（Verband der Elektrotechnik，德国电气工程师协会）

GS（Geprüfte Sicherheit 或 Germany Safety，德国安全认证）

MES（Manufacturing Execution System，制造执行系统）

SAP（System Applications and Products，企业管理解决方案）

5W1H（What、Where、When、Who、Why、How，对象、场所、时间、人员、为什么、方式）

SMT（Surface Mounted Technology，表面贴装技术）

FCT（Functional Circuit Test，功能测试）

DIP（Dual In-line Package，双列直插式封装）

USB（Universal Serial Bus，通用串行总线）

DFM（Design for Manufacturing，可制造性设计）

Layout（设计）

AI（Auto-Insert，自动插件）

ICT（In-Circuit Test System，自动在线测试仪）

LTC（Leads To Cash，从线索到现金的企业运营管理思想）

IPQC（Inprocess Quality Control，制程质量控制）

QA（Quality Assurance，质量保证）

PE（Process Engineer，工艺工程师和 Product Engineer，产品工程师）

IE（Industrial Engineer，工业工程师）

DFX（Design for X，面向产品生命周期各环节的设计）

PCB（Printed Circuit Board，印制电路板）

Owner（所有者）

cadre（框架）

HRBP（Human Resource Business Partner，人力资源业务合作伙伴）

IDP（Individual Development Plan，个人发展计划）

CBU（Customer Business Unit，客户事业部）

PBU（Production Business Unit，产品事业部）

BSH（Bosch and Siemens Hausgerate，博西家电）

pct（percentage，百分率）

SP（Strategy Plan，中长期发展规划）

BP（Annual Business Plan，年度业务规划）

DSTE（Develop Strategy To Execution，战略到执行流程）

MM（Market Management，市场管理流程）

PDTL（Prioritized Daily Task List，优先日常任务列表）

OTD（On time Delivery，订单履行与交付流程）

CSR（Customer Service Reprentative，客户服务代表）

ITR（Issue to Resolved，从问题到解决流程）

LTC（Lead to Cash，从线索到回款流程）

IPMT（Integrated Project Management Team，集成组合管理团队）

EMT（Executive Management Team，经营管理团队）